NHK BOOKS
1265

# ローマ史再考
## ――なぜ「首都」コンスタンティノープルが生まれたのか

tanaka hajime
田中 創

NHK出版

# はじめに――東から見るローマ帝国

「ヨーロッパとアジアのかけ橋」、「東西文化の交差点」、「魅惑の古都」。トルコの町イスタンブールに冠される、旅行パンフレットのあでやかな文字の脇では、青い空や紺碧の海を背景にモスクや宮殿が聳《そび》え立つ写真が人目を引く。地中海的景観を示しながらも、西欧とは異なる面立ちの建築風景が、この都市の持つ異国情緒を漂わせ、読者を旅情へと誘う。このイスタンブールがかつてはコンスタンティノープルという名を持ち、東ローマ帝国（いわゆるビザンツ帝国）の首都として、その後はオスマン帝国にも引き継がれて、栄華を誇ったことはよく知られている。

コンスタンティノープルは、ローマ皇帝コンスタンティヌス（位三〇六―三三七年）が自らの名前を冠する町として建設したもので、ローマからこの町に都を遷したと一般には紹介される。「遷都」というと皇帝の住む所である都が恒常的に遷ったものと思われがちである。しかし、この頃は全くそのような状況ではなく、むしろ皇帝が常住するのは珍しい出来事であったことは知られているだろうか。また、少し詳しい歴史の本になれば、四世紀末になってようやく皇帝がコンスタンティノープルに長期滞在するようになった事実を指摘しているかもしれない。しかし、そもそもこの町がどのような役割を果たしていたのか、あるいは「遷都」という言葉に象徴される「都」とは何なのかといった根本的な問題はあまり論じられていないように思える。後期ローマ帝国のコンスタンティノープルにまつわる日本語の文献は、ビザンツ帝国という、千年にわたって存続した国家の特徴や支配理念と関連させてこの町を紹介することがほとんどである。それはこの都と運命を共にすることになる東ローマ帝国という国家が日本人にあまりよく知られていないこととも関連があろう。

後期ローマ帝国の歴史はしばしば「ローマ帝国衰亡史」として捉えられてきた。すなわち、四世紀にゲルマン人の侵入によって帝国はますます混乱し、世紀末には東西ローマ帝国へ分裂、四一〇年にはローマ市が西ゴート人に劫略され、四七六年には西ローマ帝国が滅びるという陰惨な政治史が描かれる。他方で、東ローマ帝国は六世紀にユスティニアヌス帝のもとで一時的に再興こそすれ、以後はイスラーム勢力の圧迫などを受けて、東地中海の小国として存続したとして、政治史的に大きな位置づけを与えられることは少ない。ギリシア語の古典文献と東方正教を後代に伝える役割を果たした点は評価されるものの、こちらも伝統を墨守する停滞的なものとしてイメージされることが多い。

このようなステレオタイプな後期ローマ帝国像には批判が投げかけられてきた。とりわけ、二十世紀後半には一神教の要素を取り入れた帝国の動態的な変容が強調され、地理的にも時間的にも広範な視点で、地中海世界を捉え直す新たな枠組みがもたらされた。それによって、ゲルマン人諸王国に引き継がれていく西ヨーロッパ地域や、イスラーム世界によって継承されていく近東地域に大きな文化的影響をもたらした東ローマ帝国にも改めて注目が集まるようになっている。

近年ではその反動で再び西帝国の衰退を強調する動向もあるものの、ゲルマンとローマを対立的に捉えることを戒めて、ローマ帝国からゲルマン社会への継続性を重視する議論は広く受け入れられつつある。そこで、今なお広く知られているとは言えない東ローマ帝国について、コンスタンティノープルを中心に据えながら、四―七世紀の帝国の変容を素描しようというのが本書の試みである。そうすることで、ビザンツ帝国という超長期的な視点に縛られずに、古代世界の中での都の機能や歴史観の変化を捉えることを目指したい。なお、七世紀を下限としたのは、イスラーム勢力台頭を画期として地中海世界の勢力図が大きく変動するためである。

では、どのようにして帝国の変化を描き出すか、本書の方針を予め述べておこう。叙述の中心を占めるのはローマ皇帝の政治的役割である。もっとも、皇帝について取り上げることそれ自体は決して目新しいものではなく、皇帝の行った戦争や建築事業、開催させた教会会議などはこれまでもしばしば紹介されてきた。しかし、本書では人名や戦闘名、年号の列挙は最小限にとどめ、むしろ皇帝が広大なローマ帝国を統治するにあたってどのような統治機構を利用し、どのような政治手法を用いて統治の正統性を喧伝したのかといった、支配の仕組みに着目する。本書の主題となるコンスタンティノープルは、この支配機構の中でその時々に応じて重要な役割を果たしていた。同市の発展の歴史は、多かれ少なかれ、ローマ皇帝の統治スタイルの変容を浮き彫りにすることになろう。

このような関心から、キリスト教会や帝国エリート層、首都住民、軍隊といった帝国を構成する主要な社会層と皇帝との関わり方にも注意を払うことになる。古代ローマ史研究の大家ロナルド・サイムは、「統治の形態や名称が何であろうと〔中略〕その背後には寡頭支配層が潜んでいる。そしてローマの歴史も、共和政であろうと帝政であろうと、支配者層の歴史なのである」（サイム〔二〇一三〕上巻、10頁）と述べたが、帝政後期についてもそれは該当しよう。しかし、支配者層の歴史とは言っても、どのような社会層が支配者層となるか、どのように政治的対話をし、合意を取り付けるかは、時代と社会に応じて大きく異なる。本書はできるかぎり、この政治的対話の側面に着目していく。

そして、これら支配者層の中でも大きな役割を果たすようになっていくのがキリスト教会である。政教分離という発想のない古代世界において、宗教は生活に密着したものであった。人々の生活基盤を支える都市自治や、人とのつながりのあり方が、帝政後期の支配機構の変容により大きく動揺する中で、教会は新しい社会的結節点として重要な役割を果たすようになる。

エドワード・ギボンがその大著『ローマ帝国衰亡史』で、帝国衰亡要因の一つをキリスト教に見出したことは有名である。実際、同時代の教会史からも、教義をめぐる聖職者たちの論争に翻弄される帝国の姿が浮かび上がってくる。しかし、このような教義論争が単なる空虚な論争ではなく、その背景に聖職者たちを支持する多様な社会層が控えており、その利害調整の場として機能していたことを忘れてはならない。教義論争は我々にとってなじみが薄いこともあり、敬遠されがちであるが、本書ではこれらの論争を政治的な論争として捉えることを試みたい。それによって、宗教が大きな力を持った中世世界、ひいては現代世界の政治秩序の在り方を考える一つの手がかりも与えられるだろう。

最後は、地中海世界における東ローマ帝国と西方世界との関係である。西ローマ帝国の政治的混乱とその後のゲルマン人諸王国の興隆はよく知られているものの、その出来事はユスティニアヌスの再征服とフランク王国の台頭という象徴的な出来事に集約する形で紹介されることがほとんどであった。東ローマ帝国の側から見るとこれらの政治的状況はどのように映るのか。本書では、この視点を素描することで、西欧世界を中心として描かれがちな歴史観を正し、中世ヨーロッパ世界、イスラーム世界へのかけ橋とすることに重点を置いていく。

以上の一連の歴史的経緯は極めて複雑なものである。本書では少しでも理解を容易にするために、基本的な叙述方針としては年代順に叙述を進め、特徴的な政治的姿勢が共通して見られるローマ皇帝の治世をひとつの章に括って、全体として六つの章にまとめた。それぞれの章でのコンスタンティノープルを理解することは、この都市の存在と密接に関連させられている東ローマ帝国を理解するとともに、「ローマ帝国」「ローマ皇帝」といった概念についても改めて考える機会を与えてくれるだろう。本書が、「首都」コンスタンティノープルへの手頃な歴史ガイドブックになるとともに、ローマ帝国史を読み直すための新しい見取り図となれば幸いである。

コンスタンティノープル
ボスポロス海峡
カルケドン
ニコメディア
黒 海
トラキア
ドリアノポリス
アルマラ海
ポントゥス
アルメニア
ニカイア
アンカラ
エーゲ海
ペルガモン
アシア
タルソス
メソポタミア
ティグリス川
ペルシア
スミュルナ
アンティオキア
シリア
クテシフォン
エフェソス
キュプロス島
パルミュラ
ユーフラテス川
アレクサンドリア・トロアス
デロス島
アテナイ
エルサレム
パレスティナ
アレクサンドリア
アラビア半島
ナイル川


系地図

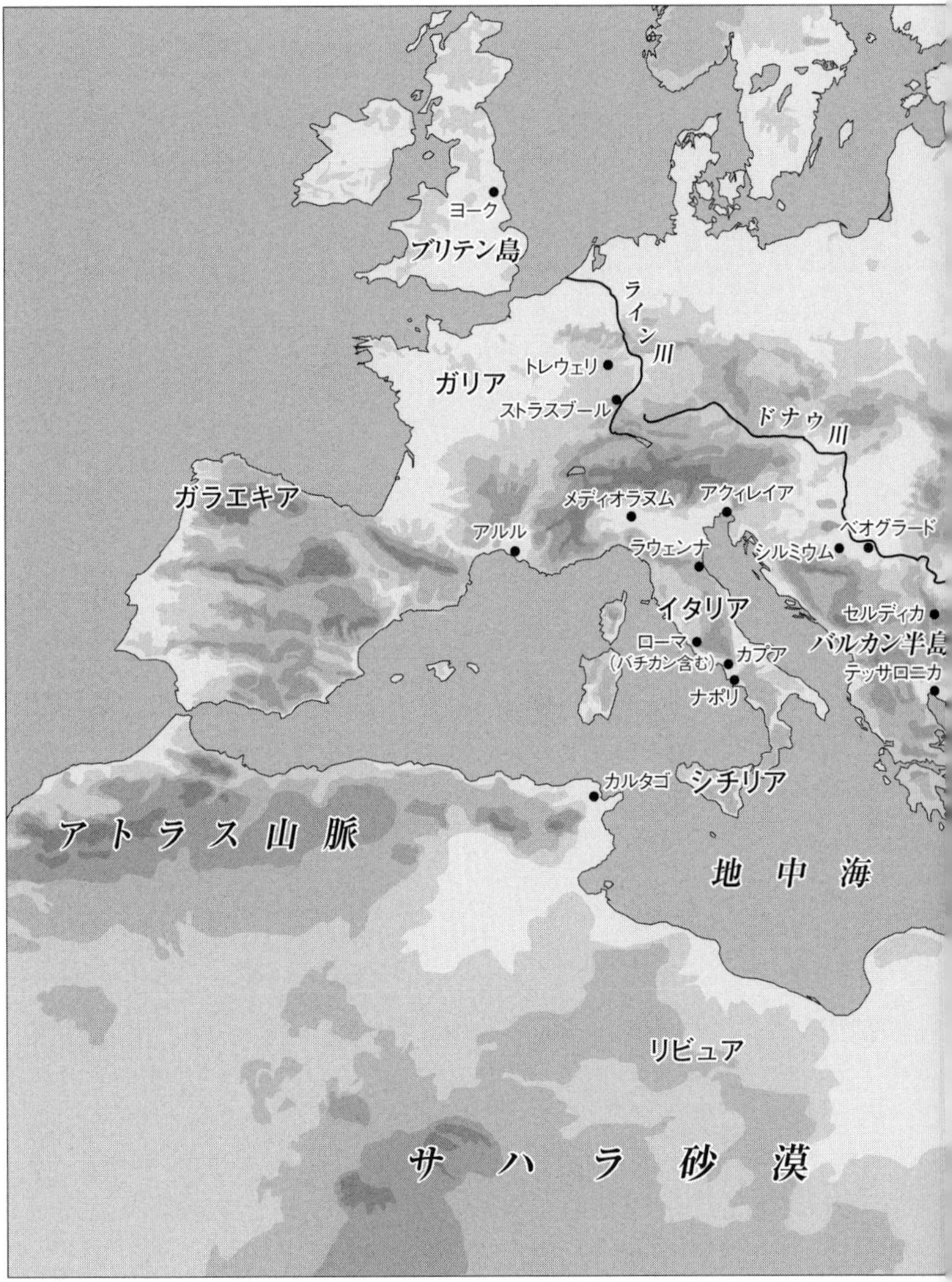
ヨーク
ブリテン島
ライン川
トレウェリ
ガリア
ストラスブール
ドナウ川
ガラエキア
メディオラヌム
アクィレイア
アルル
ベオグラード
ラウェンナ
シルミウム
イタリア
セルディカ
ローマ
(バチカン含む)
カプア
バルカン半島
テッサロニカ
ナポリ
カルタゴ
シチリア
アトラス山脈
地中海
リビュア
サハラ砂漠

本書関

目次

校　閲　髙松完子
ＤＴＰ　㈲緑舎
地図作成　原清人
編集協力　五十嵐広美

## 写真出典一覧　数字はページ数を示す。下記以外は著者による

31 左上：http://numismatics.org/collection/1944.100.38085
右上：http://numismatics.org/collection/1955.191.9
右下：http://numismatics.org/collection/1944.100.5861
左下：http://numismatics.org/collection/1955.191.6
35 https://commons.wikimedia.org/wiki/File:Trier_Konstantinbasilika_BW_1.JPG
40 左上：http://numismatics.org/collection/1944.100.9112
右上：http://numismatics.org/collection/1961.42.1
右中：http://numismatics.org/collection/1944.100.22358
右下：http://numismatics.org/collection/1977.158.956
左下：http://numismatics.org/collection/1944.100.25907
左中：http://numismatics.org/collection/1944.100.23738
61 左：40の右上に同じ
右：http://numismatics.org/collection/1967.153.65
62 Salzman（1990）
83 左：https://upload.wikimedia.org/wikipedia/commons/6/6c/ChristAsSol.jpg
中：https://commons.wikimedia.org/wiki/File:Constantine_multiple_CdM_Beistegui_233.jpg
86 http://numismatics.org/collection/1906.236.58
102 https://upload.wikimedia.org/wikipedia/commons/9/97/Disco_o_Missorium_Teodosio_MPLdC.jpg
120 Dagron（1974）、Mango（1985）、Bassett（2004）をもとに一部改変
134 http://numismatics.org/collection/1944.100.54820
137 Liebeschuetz（1990）
138 左：http://numismatics.org/collection/1944.100.54818
右：134に同じ
143 http://numismatics.org/collection/1977.158.985
155 http://numismatics.org/collection/1956.13.11
160 http://www.civilisation.org.uk/wp-content/uploads/2013/10/Istanbul-walls-247.jpg
167 左：https://ikmk.smb.museum/object?lang=en&id=18202348&view=rs
右：Kent（1994）
180 https://www.metmuseum.org/art/collection/search/449026
185 Janin（1964）をもとに一部改変
195 https://commons.wikimedia.org/wiki/File:Plaque_de_Saint-Simeon_(Louvre,_Bj_2180).jpg
214 上：https://commons.wikimedia.org/wiki/File:HDFRE_V4_D255_Gold_medallion_of_Justinian_I.png
下：Lehmann（1959）
215 120に同じ

# 第一章

# コンスタンティノープル建都

## コンスタンティヌスの広場

トルコの大都市イスタンブールで路面電車に乗り、町の西側からブルーモスクやハギア・ソフィアのある旧市街に向かっていく。すると、現代の雑踏とは不釣り合いな感じのする紫色の柱が見えてくる。その柱が古いものであることは、崩れ落ちないよう金属の箍《たが》で補強されていることからもすぐわかるが、特別な説明板が施されているわけではない。この場違いで些《いささ》かみすぼらしい柱は、かつては、コンスタンティノープルのシンボルとなるモニュメントであったコンスタンティヌス像を支える大柱であった。皇帝像を擁するこの柱を中心として、円形の列柱廊に周囲を取り囲まれていたこの空間は、帝国の首都コンスタンティノープルにおいて、コンスタンティヌスの広場（フォルム）と呼ばれる重要な政治空間だったのである（写真）。

　コンスタンティノープルとは、このコンスタンティヌスの名前と、「都市」「町」を意味するポリスという語が組み合わさってできた、「コンスタンティヌスの都市」という意味の英語である。三二四年から建設が開始されたこの町は、三三〇年五月十一日にその完成が祝われた。世界史ではしばしばこの都市の建設をもって、ローマからの遷都がなされたという説明がなされる。また、後に中世世界まで活発な活動を続けるローマ帝国はビザンツ帝国の名で呼びならわされるが、このビザンツ帝国の始まりもコンスタンティヌスと彼の都を目安とすることが多い。

イスタンブールの広場にあるコンスタンティヌスの柱。かつてこの上にコンスタンティヌス帝の像が載せられていた

　このように、コンスタンティノープルの建設は、ローマの中心が東へ移ったことを明確に示す出来事と理解されがちである。しかしながら、コンスタンティノープルの歴史的発展には紆余曲

折があり、建設されれば栄光の未来が約束されているような状態ではなかった。そもそも、このような都の建設や、皇帝のコンスタンティノープル滞在も決して自明ではなかったのである。本書ではこれらの出来事の深層を見ていくことで、あまり知られていないローマ帝国の社会変化を紹介していきたい。そして、それらを通じて、広大なローマ帝国がどのように統治され、どのように政治的利害が調整されていたのか、という帝国政治の実態を捉えることを目指している。その視点を得ることで、コンスタンティノープルの中心に据えられた皇帝の巨大な像、それも巨大な柱の上に立てられたそれが、単なる独裁者の自己満足と虚栄ではなく、帝国政治の変容を象徴的に示すものだと見えてくることだろう。本章ではこのコンスタンティノープルを巡る旅の始まりとして、コンスタンティヌスが都を築いた同時代的文脈をまず考えていくこととしよう。

## ローマとは「都」か「皇帝」か

古代ローマ帝国は極めて広大な地域をその支配下に置いていた。時期によってその地理範囲には細かな変動があるけれども、大雑把に述べるならば、西は現在のイギリス、ポルトガル、モロッコから東はイラクにまでわたり、北はライン川・ドナウ川が、南はアトラス山脈やサハラ砂漠が自然障壁を形作りながら、ナイル川沿いでは現在のスーダンにまで及んでいた。パソコンやスマホはもとより、電信電話などの利器さえない時代に、これだけの地域を治めていたこと自体が驚きとなるわけであるが、その支配の中心となったのがイタリアのローマ市であった。

ローマ帝国の中心は都ローマである。この発想は自然のものであるし、古代人にとっても普通はそうであった。しかしながら、現実にはこの理解が崩れている事例もある。コンスタンティヌスの生涯にまつわる出来事を紹介しながら、この点を見ていくことにしよう。

コンスタンティヌスの有名なエピソードは、彼のキリスト教への「改宗」である。その場面は通例次のように説明される。イタリアのローマには暴君マクセンティウスが盤踞《ばんきょ》し、悪政を敷いていた。コンスタンティヌスはその征討のために手兵を従えてローマに向かうが、相手方の大きな勢力を前にためらいを覚え、戦勝を求めて神に祈りを捧げる。そこで彼は、「このしるしにて勝て」という神からの啓示を目にする。そのしるしを兵士たちの盾に刻ませたコンスタンティヌスは、マクセンティウスとの戦いに勝利した。このしるしこそキリスト教のシンボルであり、この出来事が帝のキリスト教への傾倒の決定的瞬間であるとともに、キリスト教的ヨーロッパ世界が生じる契機になったというのである。

「改宗」に関する解釈はここではさておくとして、コンスタンティヌスがローマに居を構えるマクセンティウスと戦い、勝利したというのは史実である。ローマ市の観光名所コロッセオの近くに聳え立つコンスタンティヌスの凱旋門にもこの勝利のことは刻み込まれており、その碑文はコンスタンティヌスを暴君からの解放者として賛美している。バチカンにある教皇の間にもこの戦いを描いたラファエロ派の筆になる巨大な絵があるが、白馬にまたがる美麗なコンスタンティヌスを前に、ぼさぼさの髭を蓄えた豪奢な装いのマクセンティウスは荒々しい馬とともにテヴェレ川の流れに落ち込み、苦しみの態を表している。我々がローマの歴史を習うときにもコンスタンティヌスは重要な皇帝としてその事績が示される。

しかし、ローマ市の視点に立ってみると、この二人の関係性がまた違ったものに見えてくる。実は、マクセンティウスはローマに駐在して皇帝を守った近衛《このえ》隊の支持に加え、ローマの元老院や市民団の支持も得て、皇帝となった人物であった。血筋の上でも、父親がかつて皇帝だったという点で申し分がなかった。したがって世が世なら、マクセンティウスは堂々たるローマ皇帝となりえたのである。しかしながら彼は、後述するディオクレティアヌスの統治体制に反旗を翻す形で帝位に就いた。ディオクレティアヌスの敷いた体制では複数の皇帝たちが帝国を分担して統治する形を取ったため、マクセンティウス以外にも複数の皇帝たちが既に存在していた。マクセンティウスは先任の皇帝たちから承認されなかったために、都ローマからの支持にもかかわらず、「簒奪《さんだつ》者」のような扱いを受けることになったのである。

では、コンスタンティヌスはどうであろうか。実は、彼もまたディオクレティアヌスの統治体制に反旗を翻すような形で帝位にのぼった人物であった。マクセンティウス同様、コンスタンティヌスも父親が皇帝だったのだが、父帝の死の間際にその側におり、父帝麾下《きか》の軍隊が息子を後継帝に擁立せんと強く要請したため、皇帝になったとされる。その場所は現イギリスのヨークであった。帝国の北西端で起きた、想定外の皇帝擁立劇であったが、他の皇帝たちはしぶしぶコンスタンティヌスに帝位を認めることになった。

マクセンティウスもコンスタンティヌスも現政権に反旗を翻す形で皇帝となった点では同じであった。しかし、その後の歴史の帰趨が二人の運命を大きく分けることになる。帝国の片隅の島で権力を握った皇帝は外交的に抜け目なく立ち回り、ついには並みいるライバル皇帝たちすべてを蹴散らして帝国全体の覇権を握ったのに対し、首都で擁立された皇帝は周りから警戒されて帝位を認めてもらえず、ついにはコンスタンティヌスに敗れたのである。結果、後代の人々は前者を「正統」なローマ皇帝として見るのに対し、後者を「暴君」と見なすことになった。しかし、ローマ市の側から見れば、マクセンティウスこそが自分たちの擁立した皇帝であり、コンスタンティヌスは北辺の野蛮人たちが担ぎあげた帝位簒奪者にしか見えなかったであろう。

この事実は歴史が勝者の側の視点を映すという典型的な事例を示しているが、それと同時に、帝国の中心であったローマ市に君臨する皇帝が正統な皇帝とは必ずしもみなされなくなっていたこと、そしてローマ帝国の歴史が都市ローマの歴史ではなくなりつつあったことも示している。この視点の変化がいかにして生じたのか。時代を遡って、その概要を見ていくことにしよう。

## 帝国支配の秘鑰

紀元一八〇年、マルクス・アウレリウス帝はドナウ川沿いの軍営地でその生涯を閉じた。マルコマンニーと呼ばれる、ドナウ川北岸に住む敵対的な部族を征伐するため、数年来この方面での軍事指揮を執ってきた中での死去であった。マルクス帝は生前に自分の息子コンモドゥスを同僚帝にしていた。アウグストゥスを名乗る複数名のローマ皇帝が置かれる状態は、マルクス帝によって先鞭をつけられた政治措置で、三世紀以後、一般的になっていくものである。マルクス帝は、コンモドゥスを戦争に従軍させてもいたため、彼が死を迎えても帝位をめぐる目立った混乱は起きなかった。

しかし、コンモドゥスはまもなくマルコマンニー戦役を継続するか否かという重大な政治的決断に迫られる。ここで彼は、ローマ本国にいる貴族の何者かが帝位を奪わんと画策するかもしれないため、ドナウ戦線から撤退するという希望を告げる。これに対し、彼を補佐する友臣は次のように言って、若い皇帝を諫めた。

若君、あなたが祖国を想うのは無理もないことです。我らさえも祖国にいる者たちを想う同じ気持ちにとらわれておりますから。しかし、当地での事柄の方が重要で緊急を要するので、この想いは抑えられているのです。実際、祖国の事柄は後からでも大変長きにわたってお楽しみになれましょう。そして、皇帝が何処におわそうとも、その場所こそがローマであります。〔中略〕誰かが祖国で国政を脅かすのではないかと怖れる必要はありません。なぜなら、元老院の最も高貴なる者たちがここにあなたと共にありますし、兵力はすべてお手元にあって、あなたの支配を守っておりますから。さらに、帝室財産の貯えがすべてここにありますし、お父上の記憶のおかげで、あなたには臣民からの忠誠と好意が永久に確かなものとなっています。（ヘロディアノス『歴史』第一巻第六章四—六）

この諫言それ自体は、三世紀の歴史家ヘロディアノスが作品の脚色のために創作した可能性が高いが、それでもここに見られる「ローマ観」はヘロディアノスの時代の物の見方として、大変興味深いものがある。皇帝のいる場所こそがローマであるという発想には、ローマという語で含意されるものが、都市ローマという地理的制約から解放されて、政治的・軍事的・経済的中心性を体現する皇帝とその滞在地に付加されようとしているところが見られる。この点は、前段で見たマクセンティウスの正統性評価と通底するところである。その一方で、都市ローマが野心的な貴族の反乱の中心になりかねないという不安からは、この時代に首都が依然有していた政治的影響力を垣間見ることができる。この不安を解消するために友臣が挙げたのが、同行する有力元老院議員という政治力、兵士たちという軍事力、帝室財産という経済力、そして、臣民の忠誠を確保するための権威という四つの要素であることにも注意したい。支配に必要なこの四つの要素を内包するのが、都市なのか、それとも皇帝という個人なのか。この問いに対する答えは、いかなる形で人・物・金が動き、人々からの支持が得られるかという状況の動静に応じて、変わってくるであろう。

ローマの帝政期は便宜上、元首政と呼ばれる帝政前期と、専制君主政と呼ばれる帝政後期に二分して説明される。いずれの時期においても、皇帝という個人が大きな求心力を発揮した社会である点に違いはなかった。とはいえ、いかに有能な皇帝であっても、その職務内容の膨大さと、通信・移動手段の未発達ゆえに、ひとりでできることには自ずと限りがあった。

先に述べたように帝国の支配領域は広大であり、そこには多様な民族的・社会的背景を持つ人々が暮らしていた。それでも、ローマ人は市民権の付与に極めて寛大だったため、時代が経つにつれて、帝国内住民の多くがローマ市民権を獲得していった。この流れは、二一二年に帝国内の全自由人にローマ市民権を与える勅令が出されたことで決定的なものとなる。ローマ市民権が広く普及するにつれ、ローマ法を利用した裁判や相続、商取引もますます件数を増やしていく。そして、地方での裁断が難しい事案については、法の解釈を求めて属州総督から皇帝のもとに伺いが出されたり、あるいは有力者自身がその事案を嘆願の形で皇帝に持ち込んだりすることもあった。現在で言うならば司法領域に関わる業務は、皇帝が自らの補佐役たちとともに精力的に取り組んだ部門の最たるものである。他にも、官職の授与、税負担の分配、被災地の復興、諸都市との友好関係の維持、帝国外の諸勢力との外交・戦争など、皇帝の携わる業務は多様であり、莫大な数のスタッフに支えられていたとはいえ、これらを皇帝一人でこなすこと自体、極めて困難なことであった。

皇帝単独の支配体制をさらに難しくしたのは、司法と並んで重要だった軍事にまつわる問題であった。二世紀後半以降、帝国外縁部の軍事状況は不安定さを増してくるようになる。そのような中、最高司令官としての皇帝の存在は、前線の兵士あるいはそれを支える属州民たちから強く求められるようになる。皇帝は代理の将軍を派遣するのではなく、自らが親征することで、軍事的功績を独占するとともに、自らに対抗するだけの軍事的カリスマを備えた将軍の台頭を防ぐことができたが、ブリテン島から、ライン・ドナウ川を経て、ユーフラテス川にまで至る長大な帝国の軍事戦線を一人で担当することは、軍事的緊張が各地で同時に高まりつつある時代には不可能であった。

すでにセプティミウス・セウェルス帝の死（二一一年）の直後に、帝の二人の息子によって、帝国を分割して統治する案が出されたという逸話が歴史家ヘロディアノスによって伝えられている（『歴史』第四巻第三章）。この話は兄弟の不仲がもとになって立案されたものだとされ、政治的揶揄としての要素が強いため、額面通りに受け止めることは難しいが、後代の歴史的発展を知っている者にはその先見性のゆえに興味深いものがある。その案によれば、帝国をアジアとヨーロッパで分け、その境目となるボスポロス海峡をはさんで、ヨーロッパ側のビュザンティオン（後のコンスタンティノープル）とアジア側のカルケドン（現イスタンブール市内のカドゥキョイ）にそれぞれが軍隊を置いて、兄弟が統治を分担するとともに、互いを監視しあうというのである。この案を聞いた兄弟の母親は、自分の身が裂かれる思いがすると言って反対し、結局この提案は退けられる。しかし、帝国の東西がマルマラ海を挟んで分かれるという認識がヘロディアノスの生きた三世紀に生じており、ローマ帝国内における東方の政治的重要性が高まっていたことは注目に値する。そして、既に先述のマルクス帝がルキウス・ウェルスやコンモドゥスを共同統治帝に据え、皇帝（アウグストゥス）を名乗る人物が帝国内に二人以上生じるようになっていたことは、広大な帝国という地理的制約を前に単独統治という理想が維持しがたくなっていたことを示している。

## 「三世紀の危機」

以上述べたような皇帝支配の問題は、三世紀の半ばに入ると随所で噴出するようになる。実に二三五年から二八四年までの五十年の間に、各地で数多くのローマ皇帝が擁立され、大きな政治的混乱が生じた。それまでは元老院が、元老院議員に皇帝としての権限を付託するという手続きが取られていたが、この時期には、元老院の追認を待たずに、各地の軍隊が独自に皇帝を擁立する事態が頻発したのである。また、皇帝が暗殺されたり、内戦で殺されたりすることもしばしばであった。キーナストという研究者が編んだローマ皇帝一覧をもとに筆者が数えた限りでは、この期間に元老院から皇帝（アウグストゥス）位を認められた人物は二十六名になる。他にも名乗りを上げて皇帝称号を用いたことが確かめられるのが、ガリア（おおよそ現在のフランスに相当）で五名、パルミュラ（現シリアの都市）で一名、それ以外にも各地で九名が確かめられる。

加えて、皇帝位を名乗ったのかどうか不確かでありながらも、反乱を起こした者や、独立の姿勢を見せた者も含めれば、その数はさらに増大する。三世紀を「危機」の時代として理解するか否かは研究者の立場によって分かれるものの、少なくとも上記のような皇帝の乱立状況を見るかぎり、政治的意思決定の面では危機を迎えていたと言えるだろう。

この現象の一つの特徴は、帝国の辺境地域を守備する軍団兵たちが、元老院の意向をさしおいて、自らの司令官を皇帝に推戴する動きが目立つ点にある。その要因としては、ライン・ドナウ両河の北側に住む、いわゆるゲルマン人の軍事的圧迫が強まり帝国に対する略奪が盛んになったこと、そして、イランを本拠とするササン朝ペルシアが台頭してパルティア国に取って代わり、ローマの東方防衛線を脅かすようになったことが挙げられる。帝国が広大であるがゆえに、一人の皇帝が複数の前線に対応するのが難しい一方で、外部からの略奪・侵略をはねのけるカリスマ性ある軍団司令官が、現地の軍団や属州の有力者層によって求められるようになった。これが、イタリアの元老院から離れた諸地方で皇帝が擁立されるようになった背景である。元老院議員に代わり、叩き上げの軍人から皇帝となった人物が多数登場したこの時代を軍人皇帝時代とも呼ぶ。

この時代の特徴として、現在のドイツ南西部やシリアなど、イタリアから遠く離れた地域でも、ローマの皇帝を名乗る人物が現地有力者の支持のもと登場していることがある。既に「皇帝」や「帝国官職」といったものが、イタリアという土地から乖離し、各地の統治モデルとして採用されるようになったのである。このことはローマ帝国の概念がイタリアに束縛されなくなる帝政後期の状況を示しつつある。この政治的混乱の中で、皇帝を擁する複数の政権が各地に同時並存する状況になったことも、後の帝国支配体制の前触れとして指摘しておきたい。

このような混乱する政治状況を前に、政権を手にした皇帝たちは自分の子供を共同統治帝に据えることで、帝位継承を安定させるとともに、複数の戦線を同時に受け持てるように対応していた形跡が見られる。しかしながら、老練の皇帝が、政治的に熟練した息子を共同皇帝に持つという幸運に恵まれることは少なく、しばしば幼少の子を共同皇帝にすることしかできなかった。また、たとえ、そのような子に恵まれても、親子のいずれかが戦場で死を迎えることも稀ではなかった。実際、三世紀の皇帝たちの多くが暗殺ないし戦没という悲惨な最期を迎えている。皇帝政治をいかに安定させるかは重要な政治課題となった。

## ディオクレティアヌスと四帝統治

三世紀の政治的混乱を収拾することに成功したのがディオクレティアヌス帝である。彼自身も、バルカン半島の出身で、軍隊内で頭角を現して皇帝にまで上り詰めた人物であった。しかし、それまでの皇帝たちと彼が異なっていたのは、共同皇帝選定の原則であった。彼は二八四年に東方で帝位に就くと、西方の支配権を握っていた前任皇帝を破り、帝国全体の覇権を握った。その彼は二八五年にマクシミアヌスという人物にカエサル（副帝）の称号を与え、翌年には自分と同じアウグストゥス（正帝）に昇格させた。そして、自らは帝国東部を担当する一方で、マクシミアヌスには西部を任せることにした。二世紀後半のマルクス帝以来、共同統治帝を任命することはこれまでにも度々見られたが、ディオクレティアヌスが特異であったのは、自らと直接的に血縁関係のない人物を同僚としたことにある。マクシミアヌスもまた軍隊でその実績を積んでいた人物であり、ディオクレティアヌスとはいわば幕友というべき間柄であった。そして意外にも、この二人の分担統治体制は内乱につながることなく順調に維持されることになった。

しかしながら、東西両帝の関係は良好であったものの、帝国内の治安確立という点では二人の統治は十分とは言い切れなかった。ブリテン島に誕生した独立政権を鎮圧できないことにはじまり、各地で大小さまざまな規模の反乱が生じるなど不穏な状況が続いていたのである。ディオクレティアヌスは治世十年目に入ると、さらなる手を打つことになる。すなわち、コンスタンティウスとガレリウスという二人の人物をカエサルとし、ここに四人の皇帝による分担統治体制を敷くことにしたのである。これにより、帝国では同時に四方面での軍事作戦を展開することが可能になった。

コンスタンティウスとガレリウスもまた軍隊の中でその実力を示して台頭した軍人であり、出身地域もディオクレティアヌス、マクシミアヌスと同じバルカン半島であったから、四人は同じような社会背景を持った人物と言える。ただ、カエサルにされた二人は帝位にあげられる前に、マクシミアヌス、ディオクレティアヌスそれぞれの娘（ただし前者の場合は義理の娘）と結婚し

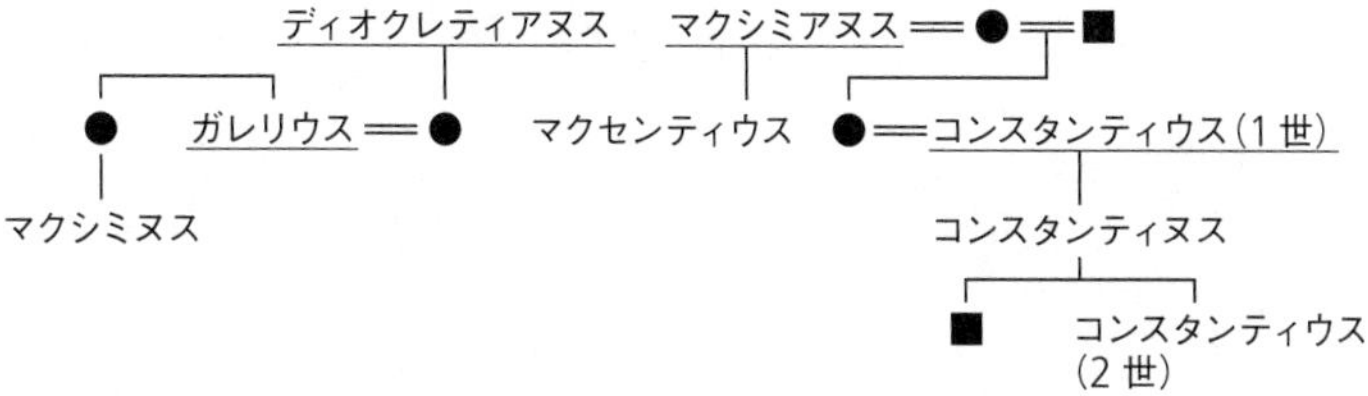


※●は女性、■は男性。下線が第一次四帝統治体制の皇帝たちを示す

ていたので、共同統治帝にされたときには既に姻戚関係があるという点で、旧来から見られた親族を共同統治者にする原則に従った部分があるとは言える（系図）。ともあれ、この四帝統治体制（テトラルキア）は極めて効果的に機能し、帝国内の諸反乱の鎮圧は順調に進んだ。さらに二九八年にはガレリウスがササン朝ペルシアに対して大勝利を収めることに成功し、ローマ帝国の武威を改めて世界に知らしめることになったのである。

　この四帝統治体制はおそらく治世当初にはディオクレティアヌスの念頭になかったものの、年月の経つうちに計画的に練られていったことが様々な措置から窺い知ることができる。その一つは、統治にあたる四名を調和の取れた一団として表そうという種々の工夫である。

　現在、ヴェネツィアのサンマルコ広場の片隅に埋め込まれている紫斑岩の像は第四回十字軍がコンスタンティノープルから掠奪してきた皇帝像である。この像は、本来は四帝統治の皇帝たちを表していたもので、後にコンスタンティヌスの息子たちを表現するために転用されていたものと考えられている。ギリシア・ローマ美術に親しんだことのある人であれば、この像が見せる特異な趣を感じ取れるかもしれない。実際の人物像に比して大きなプロポーションを与えられた目、いささか硬直的な姿勢、そして何

四帝統治体制を表した四皇帝像。もとはコンスタンティノープルに置かれていたもの。現ヴェネツィアのサンマルコ広場

よりも四人の顔がほとんど見分けのつかないぐらい同じであるところなどがそれである。一見、コミカルな印象も与える像であるが、同じ顔をした四人が互いを抱き合うその像は、四人の皇帝が協調した統治を行い、帝国を守るという団結を示すものである（写真）。

これと同じように四人の協調姿勢を示す図像は貨幣からも確かめることができる。四皇帝はそれぞれの名前が銘に刻まれた貨幣を発行している。通例ローマ皇帝の貨幣にはその皇帝の肖像と名前が表面に刻されており、この図像は大理石彫刻などで残る皇帝像を同定する上でも重要な指標となる資料である。ところが、ディオクレティアヌスとその同僚帝たちの貨幣では、四人の皇帝の顔がほとんど同じであるという特徴を見出すことができる。すなわち、四人とも刈り込んだ髪、短く剃ったあごひげと口ひげ、がっしりした首といった特徴を持ち、一見したところ互いに区別がつかないほど同じ相貌をしているのである（写真）。研究者の中にはマクシミアヌスの団子鼻、コンスタンティウスの鷲鼻などに若干の個人差を見出すものの、それは専門家のすることであり、むしろこれらの貨幣からは四人を意図的に似させようとする試みを見て取ることができるだろう。すなわち、ここでは個別性は極力排され、むしろ四人に共通な「皇帝」という人格をできるかぎり示そうという政府側の意図が読み取れるのである。

四帝を浮き彫りにした貨幣。左上から時計回りに、ディオクレティアヌス、マクシミアヌス、コンスタンティウス１世、ガレリウス

同じような印象は、図像のみならず、皇帝の称号や名前の要素からも読み取ることができる。少し長くなるが、最高価格令と呼ばれるディオクレティアヌスが発した有名な勅令の冒頭部分を見てみよう。

最高司令官ガイウス・アウレリウス・ヴァレリウス・ディオクレティアヌス、敬虔にして幸運なる不敗の正帝、最高神《じん》祇《ぎ》官、至大なるゲルマン人征服者六回、至大なるサルマティア人征服者四回、至大なるペルシア人征服者二回、至大なるブリトン人征服者、至大なるカルピ人征服者、至大なるアルメニア人征服者、至大なるメディア人征服者、至大なるアディアベネ人征服者、護民官職権十八回、コンスル職七回、最高司令官歓呼十八回、国父、プロコンスル、

最高司令官マルクス・アウレリウス・ヴァレリウス・マクシミアヌス、敬虔にして幸運なる不敗の正帝、最高神祇官、至大なるゲルマン人征服者五回、至大なるサルマティア人征服者四回、至大なるペルシア人征服者二回、至大なるブリトン人征服者、至大なるカルピ人征服者、至大なるアルメニア人征服者、至大なるメディア人征服者、至大なるアディアベネ人征服者、護民官職権十七回、コンスル職六回、最高司令官歓呼十七回、国父、プロコンスル、

フラウィウス・ウァレリウス・コンスタンティウス、至大なるゲルマン人征服者二回、至大なるサルマティア人征服者二回、至大なるペルシア人征服者二回、至大なるブリトン人征服者、至大なるカルピ人征服者、至大なるアルメニア人征服者、至大なるメディア人征服者、至大なるアディアベネ人征服者、護民官職権九回、コンスル職三回、いとも高貴なる副帝、

ガイウス・ウァレリウス・マクシミアヌス〔ガレリウスのこと。なお亀甲括弧〔 〕は筆者による註や補いを示す。以下も同様〕、至大なるゲルマン人征服者二回、至大なるサルマティア人征服者二回、至大なるペルシア人征服者二回、至大なるブリトン人征服者、至大なるカルピ人征服者、至大なるアルメニア人征服者、至大なるメディア人征服者、至大なるアディアベネ人征服者、護民官職権九回、コンスル職三回、いとも高貴なる副帝、

が告示す。（M. Giacchero, *Edictum Diocletiani et Collegarum de pretiis rerum venalium*〔Genova, 1974〕）

極めて長大であるが、実質的にはディオクレティアヌス ら四名が告示を出したというだけの内容である。注意深く読めば分かるように、皇帝たちの名前およびその称号が羅列されているために文章が長くなっている（本書では便宜のため、皇帝ごとに段落を区切った）。ここから分かるのは征服者称号において四人共通の部分が多いことである。それもそのはずで四人のうちの誰かが行った征服活動は他の三人にも共有されることになったからである。また、個人の名前のなかではディオクレティアヌスの氏族名であるウァレリウスという名称を四人が共通で持っている点に注目したい。このウァレリウスの名前を帯びるようになるのは、皇帝のみならず帝国官職に任官された人物からも確かめられる現象で、いわば政府関係者全員が同じ苗字を名乗り出したのである。これらも帝国政府の一体性・連帯性を示す試みと解釈できるだろう。

その一方で、違いを残そうという工夫も見られる。称号の使い分けで、当初から治世にあたっていたディオクレティアヌスとマクシミアヌスはアウグストゥスを名乗っていたのに対し、コンスタンティウスとガレリウスはカエサルとしか名乗らず、それ以外にも「国父」「プロコンスル」など正帝だけに認められた職名もある。細かいことを言えば、先任者たちの方が必ず征服者称号・回数が多くなる仕組みになっており、この点でも四人の皇帝が降順で並べられていることは分かるようになっている。では、この微妙なバランスのもとに成り立つ四帝統治体制は地理的にはどのように展開したのだろうか。皇帝たちがどこに拠点を置き、その土地をいかに改変したのかという観点から見ていくことにしよう。

## 宮廷都市の乱立——四帝統治時代のローマ帝国

ディオクレティアヌスによって皇帝が四人に増やされたのは、先にも述べたように、同時に多方面で軍事作戦が展開できるようにするためであった。このため、これら四人の皇帝が一堂に会する機会は少なく、むしろそれぞれが帝国各地で軍事指揮を執った。それはすなわち、各皇帝が大規模な軍団を指揮していたことを意味する。そして、皇帝たちの率いる数万の人数の軍隊および皇帝を補佐する官僚機構は、軍事的危機を迎えた戦線に随時移動していた。食糧生産が現在ほど豊かでない古代社会では、都市と言っても数千人から数万人規模が当然であったから、皇帝の率いる大規模な軍隊と官僚団は都市がそのまま移動していると言ってもよいものであり、戦闘のない冬季に彼らをいかに宿営させるかは、冬営地一帯に食糧不足や経済の混乱を招かないためにも、重大な配慮を要する事項であった。

四帝統治期の皇帝たちがそれぞれ主として居を構える大都市を定めるようになっていくのも、このような社会経済的事情を背景としたものである。その一方で、イタリアのローマ市のような大都市は、皇帝と軍隊を必要とする軍事前線からあまりにも離れていたため、冬営地の候補にはならなかった。この時期に皇帝の滞在地として発達するのは、トレウェリ（現ドイツのトリアー）、メディオラヌム（現イタリアのミラノ。以下、ミラノと表記）、アクィレイア（イタリア）、シルミウム（現セルビアのスレムスカ・ミトロヴィツァ）、テッサロニカ（現ギリシアのサロニキ）、ニコメディア（現トルコのイズミット）、シリアのアンティオキア（現トルコのアンタキヤ）などのライン川、ドナウ川、ユーフラテス川といった帝国の最重要な戦線に出撃しやすい土地である。

ドイツのトリアーにある、コンスタンティヌス帝時代に建てられたバシリカ。後代の修復はあるものの、当時の基本的な構造をそのまま残している

これらの都市を結ぶ街道上にある都市も、この時期に発達を遂げるようになる。現在のベオグラードやソフィア（ブルガリアの首都）、アンカラ（トルコの首都）などはその好例である。

上記の皇帝滞在地には、大規模な宮殿施設が建設され、ほかにも種々の公共建築が皇帝によって営繕されるようになった。四帝統治時代の宮殿施設の特徴として、ローマの大競走場（現チルコ・マッシモ）を彷彿とさせる戦車競走場が宮殿に隣接して建てられたことや、皇帝の霊廟（マウソレウム）を備えていることが挙げられる。とりわけ戦車競走場の存在は一見すると宮殿に場違いなものに思われるかもしれない。しかし、この施設は単に娯楽を提供して民衆を懐柔するというだけでなく、民衆たちと皇帝が対面し、直接的な対話を繰り広げる政治空間として、重要な役割を帯びていた（後述）。他にも巨大な会堂（バシリカ）、公共浴場などの施設も建てられた。残念ながら、この時期の多くの遺構は後代の戦乱で破壊されたり、その後の都市発展の波に飲み込まれたりして、その威容を現在にまで保つものは少ないが、コンスタンティヌス帝も長く利用することになるドイツのトリアーには今でもかつての趣を十分に感じ取れる上部構造が残されている（写真）。ともあれ、ディオクレティアヌスの時代は各地に宮殿を備えた小ローマとも呼べる都市が誕生し、「皇帝のいる場所がローマ」という理念が顕著となった時代であった。

## コンスタンティヌスの挑戦

ディオクレティアヌスの四帝統治体制がその理念を改めて明確にしたのが、三〇五年のことである。長年の体の不調に悩まされてきたディオクレティアヌスはこの年に自らの退位式典を執り行った。皇帝は死を迎えるまで皇帝であるというのが一般的な通念で、皇帝という「務め」から自発的に離れるという概念自体がそれまでの三百年間に認められなかったのであるから、このディオクレティアヌスの行動は前代未聞であった。さらに衝撃的だったのは、ディオクレティアヌスは自分が退位するだけでなく、西の正帝マクシミアヌスにも退位を迫ったことである。かくして、退位式典は東のニコメディアと西のミラノで同時に祝われた。そして、それまでの副帝二名はそれぞれ正帝に「昇格」し、新しい副帝が選ばれることになったのである。帝国を四人で統治するという体制はこの時点になると成功モデルとして欠くべからざるものになっていた。

新しい副帝が誰になるかは、周囲の注目の的であったろう。マクシミアヌスの息子のマクセンティウスやコンスタンティウスの息子コンスタンティヌスがその有力候補であったことは間違いない。しかし、蓋を開けてみれば、選ばれたのは、軍人上がりのセウェルスと、ガレリウスの甥マクシミヌスであった。そして、新生四帝統治体制はその発足から一年後に、主導的役割を果たすはずであった西の正帝コンスタンティウスが病死したことで、大きな混乱を迎えることになる。先述のように、コンスタンティウスの息子コンスタンティヌスが軍隊によって皇帝に担ぎ出されたのである。他の三人の皇帝たちからの事前同意を欠いた登位劇であった。東の正帝ガレリウスはこの既成事実を受け入れて、セウェルスを西の正帝に昇格させたうえで、コンスタンティヌスに副帝位を認めることになる。しかし、その後さらに首都ローマでマクセンティウスが皇帝に擁立されると、ガレリウスはさすがにその位を認めなかった。五人目の皇帝は受け入れられなかったのである。しかし、マクセンティウスは首都の支持を基に、実質的には皇帝としてイタリアと北アフリカを支配することになり、あろうことか引退した父親マクシミアヌスも息子の支配確立を手助けしたのであった。四帝統治体制はディオクレティアヌスというカリスマを失い、完全な混乱を迎えることになった。

この後もディオクレティアヌスが一時的に政治の表舞台に引っ張り出されるなど波乱含みの出来事が続くのだが、ここではこの政治劇の細かな顚末を追うことは紙幅の関係から避ける。むしろ、この政治的混乱の中でライバルたちを打倒し、最終的に帝国全体の覇権を握るコンスタンティヌスがいかなる点で四帝統治体制を引き継ぎ、いかなる点でそれを拒絶したのかを、支配理念の面に絞って見ていくことにしよう。

コンスタンティヌスは先にも述べたように、既存の四帝統治体制に対抗する形で帝位に就いた人物であった。この性格は貨幣上の図像によく表れている。ガレリウスなど四帝統治体制の側は「副帝」コンスタンティヌスを、刈り込んだ髪と顎を覆う髭、がっしりとした首という従来通りの皇帝図像を用いて表現した。これに対し、コンスタンティヌスが自らの支配地で打刻させた貨幣を見てみると、これとは全く異なる図像が見て取れる。すなわち、髭はきれいに剃られ、頭部も刈り込んだ短髪に代わり、巻きのあるたなびくような髪型でおおわれるようになるのである。その表情も熟年の重みを思わせる剽悍《ひょうかん》なものから、青年のような若々しいものに変わっている。さらに彼が単独支配を確立する頃になると、頭にかぶる冠がそれまでの月桂冠や太陽冠などの伝統的なものに代わり、宝石をちりばめたディアデマと呼ばれる頭飾りになっていく（写真）。

図像の変化は実はコンスタンティヌスのみに見られるものではなく、同じく四帝統治体制に挑戦する形で帝位に就いたマクセンティウスなど、コンスタンティヌスのライバルたちにもその内実は違えど見受けられる。つまり、皇帝をいかにして表現するかという課題に対して、様々な実験的な試みがなされていたことが当時の諸政権の貨幣から読み取ることができるのである。

もっとも、これだけでは、単にコンスタンティヌスは四帝統治と異なるアプローチを図像表現でも取ったとしか見えないかもしれない。しかし、興味深いのは彼の統治スタイル、および後継皇帝たちの図像表現である。

まず、コンスタンティヌスが単独支配を確立するという表現を用いたが、それはライバルとなる正帝たちを破ったということを意味しており、ディオクレティアヌスが採用した共同統治体制を放棄したわけではない。ただし、彼は遂に同僚となる正帝を置くことはせず、自分の子供や甥など親族を副帝にして、彼らと共同統治体制を敷くことにしたのである。その意味ではディオクレティアヌス以前の体制に復古したものとみなすこともできるかもしれない。最終的にコンスタンティヌスが死を迎える時期には、四人の副帝たちが任命されていたので、彼の死後には四帝による統治が生じるように工夫されていた。

加えて興味深いのは図像表現である。先にも見たようにコンスタンティヌスはディオクレティアヌスたちとは異なる「顔」を貨幣や彫像などで表していた。そして、彼の跡を継ぐ息子たちは父帝の肖像を引き継ぐことになる。次の図に見るように彼の子供たちも父親とまったく同じような「顔」を示すことになる。

血を引いた親子なので顔が似ているのだという反論も成り立つかもしれない。ところが、コンスタンティヌスの家系が断絶した後、四世紀後半に皇帝となった者たちも、まるで金太郎飴のようにコンスタンティヌスと同じ顔を貨幣上に表すようになっていく(写真)。つまり、ディオクレティアヌスの時に個の要素が消されて、皇帝という「務め」を表す「顔」が作られていく現象を我々は確認したが、同じことがコンスタンティヌス以降の帝政後期の諸皇帝たちにも認められるのである。この顔を採択しなかったのは「背教者」として知られるユリアヌス(86頁写真)など、

コンスタンティヌス帝(左上)とその後継者たち。右上から時計回りに、コンスタンティウス2世、ヨウィアヌス、テオドシウス1世、ウァレンティニアヌス1世、コンスタンス。血縁関係がない皇帝もほとんど同じ顔をしている

ごく少数の事例に限られる。とりわけユリアヌスはコンスタンティヌスの政策を全否定するような措置を取った皇帝だけに、この皇帝の「顔」の問題は単なる個人の面立ちの違いだけではなく、支配理念を象徴するものであり、コンスタンティヌスの顔はそのモデルとして四世紀中に確立していたと言えよう。

このような事例は「顔」だけにとどまらない。「名」においても同じ現象が確かめられる。コンスタンティヌスも、ディオクレティアヌスと関連するウァレリウスの名を持ってはいたが、彼が政権を取って以降は、この名に代わり、フラウィウスという名の方が政権内において強調されるようになっていく。先にディオクレティアヌスの時期に帝国官僚に着任した人物がウァレリウスの名を名乗るようになっていくという社会現象を指摘したが、この時期からは同じ場合において、フラウィウスの名を人々が冠するようになっていく。以後、このフラウィウスの名は帝国エリートを示す一つの指標として重視されるようになっていき、ゲルマン人の王たちの中からもフラウィウスの名を帯びる者が出てくるようになる。また、正帝と副帝の違いを服装や名称などで区別していくという姿勢は同様に確認することができる。

このように見ていくと、コンスタンティヌスの支配は共同統治体制によって広い帝国を運営していくという点、名前や顔の共通性で帝国の一体性を表現しようとしていた点などはディオクレティアヌス体制と同じであると言える。その一方で、彼は血縁原理にこだわり、帝位を親族・姻戚内に限定するという旧来の手法には拘泥した。四世紀の後の皇帝たちが親族を同僚皇帝とする方針を取り続けていることからも、血縁原理を基盤とした共同統治が一過性のものではなく、広い支持を得ていたと考えられる。視点を変えれば、ディオクレティアヌスの敷いた体制はその実力主義的な点で極めて先鋭的なものだったと言えるだろう。

## コンスタンティノープルの建設

以上のようなコンスタンティヌスの支配理念の中で、コンスタンティノープルはどのような位置づけを与えられるだろうか。また、この町はどのような町だったのだろうか。そもそもコンスタンティノープル建設については伝説的な要素が多く、後代にゆるぎない都となった時代の観点が逆照射された逸話も多いため、史料の取り扱いには注意を要する。コンスタンティヌスの同時代人による証言が少ない点も当時の都の実相の再現を一層難しくしている。しかしながら、この都の建設がコンスタンティヌスの帝国東部支配を象徴する一つの重大事業として考えられていたことは間違いない。というのも、コンスタンティヌスは二十年弱、帝国西部で政権を握っていたものの、帝国東部の統治とは長らく縁がなかった。その彼が帝国の東側を支配していたライバル皇帝を打倒した直後にこの都の建設を始めたことは確かだからである。

そもそもコンスタンティヌスが何を作ったのか、という点にも不明なところは多い。確実なのは、ビュザンティオンというギリシア都市の外側数キロメートルのところに新しい市壁を作り、市域をそれまでの三倍以上に拡張したことである。その際、帝自身が槍を持ち、地面に新しい市の境を区切っていったという。あまりに広大な土地に線を引く帝を廷臣たちが諫めると、帝は、神に導かれて自分は市域を画しているのだと答えたとされる。

その広大な市域の中に公共建築も整備された。既に存在していた公共浴場、会堂といった施設を整備し直したほか、戦車競走場には皇帝たちの着座する貴賓区画を取り付け、新設した宮殿とこの区画を回廊で直接つなげることもしている。そして、皇帝の建築の中でとりわけ特徴的なのは、本章冒頭に紹介した彼の巨像をいただく柱を中心とした広場である。この広場はかつてのビュザンティオン市の城壁のすぐ外側に隣接する形で建設され、その中心を大通りが貫くように設計されたと考えられている。この通りが旧市街に伸びた先には宮殿があり、この道筋は現イスタンブールの路面電車が走る道筋からもある程度想起することができる。四世紀半ば頃に作られたと考えられている地図でもコンスタンティノープルを象徴するものとして、柱と巨像が地図に描かれている。またこの広場の北側には後述する元老院の議員会館が置かれていた。

そして、彼は東地中海世界各地の都市や名だたる神域から、奉納されていた金属工芸品や彫像などを押収し、新都の装飾となるように再配置した。三二四年に建設が開始された都は三三〇年には完成が祝われる。もっとも、急造の都はすぐに首都の機能を帯びたわけではなく、住民の誘致に苦労していたこと、皇帝の取り巻き程度しか住まってはいなかったことなどが研究者たちから再々にわたって指摘されている。そのような人口面、施設面での未発達さは疑いようもない事実であるが、以下では特にこの都の建設が持った支配理念の面に注目してみたい。

伝えによれば、コンスタンティヌスはその都の建設にあたり、ビュザンティオンの地以外にも複数の候補を持っていたとされる。その一つが、アレクサンドリア・トロアスという小アジア北西の土地である。ローマ人はトロイア戦争でギリシア勢に敗れ、トロイアから落ち延びてきた英雄アエネアスの子孫であるとされてきたから、そのトロイアと同定されていたアレクサンドリア・トロアスに都を建設することは、ローマ人の神話的起源の地に都を建てることを意味していた。また、別伝では、コンスタンティヌスは帝国東部支配の橋頭堡になったセルディカ（現ブルガリアのソフィア）に都を建てることも計画したという。このいずれの逸話もそのまま額面通りに受け止めるのは難しいが、それでもローマとのつながり、コンスタンティヌスの東方支配とのつながりという二つの要素がコンスタンティノープルのキーワードとして浮かび上がってきそうである。先に検討した四帝統治との連続性と対抗という側面にも注意しながら、これらの点を考えてみたい。

## 建設の意味

まず、皇帝が自分の拠点となる町を決めて、そこに大規模な建設を行うという現象自体は、すでにディオクレティアヌスの統治期以降、顕著に認められるものであり、コンスタンティノープルの事例もその一つと見なすことができるだろう。皇帝の名前を冠する町の建設も一見すると突飛に見えるかもしれないが、アレクサンドロス大王以来、王が自らあるいは親族の名前を冠する都市を建設したり、既存の都市をそのような名前に改名したりする現象は東地中海世界で広く見られる。アレクサンドリアのほか、セレウコス朝シリアの王アンティオコスにちなんだアンティオキアや、王家の女性名をそのままつけたテッサロニカなどはその典型である。ローマ帝国もこの伝統を引き継いだため、共和政末以来、カエサレイア、ポンペイオポリス、トラヤノポリス、ハドリアノポリス（英語でアドリアノープル。現トルコのエディルネ）などローマの政治家や皇帝の名を冠した都市は陸続と現れていた。コンスタンティノープルの事例は、このアレクサンドロス大王以来の伝統と、四帝統治以来の拠点都市の設置という方針が合わさったものと言える。

建設する建物の内容からも四帝統治時代からの連続性を読み取ることができる。旧市街の南東部に皇帝の宮殿が作られることになるが、この宮殿は既存の戦車競走場に隣接する形で建設された。浴場や会堂などの大規模な施設も修繕していることが確認される。そして、皇帝が自分の霊廟を市内に築かせた点にも、四帝統治時代に拡充された諸都市との共通性が現れている。

その一方で、コンスタンティノープルにはディオクレティアヌスの四帝統治に対する挑戦的な要素も見て取ることができる。まずはその立地にある。コンスタンティノープルは黒海の出口にあたるボスポロス海峡にあった町ビュザンティオンを作り直したものであるが、その近くには四帝統治時代に大発展を遂げたニコメディア市があった。ニコメディアは、ヘレニズム時代以来の長い伝統を有し、繁栄を享受してきた町であるが、ディオクレティアヌスがこの町を気に入り、宮殿を建設し、彼の退位式典もここで行われた。彼の跡を継いだガレリウスなどの皇帝もニコメディアを拠点としており、ヨーロッパとアジアを結ぶ東西の交通の要所としてニコメディアは既に赫々たる地位を築いていたのである。

コンスタンティヌスが自らの拠点としてこのニコメディアを選ばなかったことは、四帝統治体制からの訣別という側面もあったのではないかと思われる。いくつかの記念式典をニコメディアで祝っていることは確認されるので、この町の重要性はその後も完全に失われたわけではない。しかし、ニカイア教会会議の開催など、古くからニコメディアのライバル都市であったニカイアにも配慮がなされるようになっていることから見て、四帝統治期の特権的な立場をニコメディアが失ったことは確かである。帝国統一後のコンスタンティヌスは生涯のほとんどを帝国東部で過ごすことになるが、その拠点となったのもニコメディアやアンティオキアといったディオクレティアヌスの利用した拠点ではなく、コンスタンティノープルであった。

四帝統治との訣別は、コンスタンティノープルの随所にみられる「勝利」のテーマからもうかがえる。コンスタンティヌスはそれまでは「不敗の」(invictus)という称号を用いていたが、帝国東部を支配していたライバル帝を倒して帝国全土を統治下に置くと、「不敗」に代わって「勝者」(victor)という称号を公式文書などで表記するようになった。そして、このような称号の変化と同時期、すなわち四帝統治体制を完全に打倒した直後にコンスタンティノープルは建てられているのである。

コンスタンティノープルの装飾に各地からの美術品が運ばれてきたことは先に指摘したが、その中には、アウグストゥスが支配を確立したアクティウムの戦いの直後に建設したニコポリス（「勝利の町」）から招来した、初代皇帝ゆかりのモニュメント群もあった。町を象徴する彼の巨像はその右手に「勝利の女神」を載せた球《グロブス》（globus：支配の象徴）を握っていたし、町を擬人化した女神像も勝利の月桂冠や凱旋式の服装を身につけているなど、勝利のイメージと密接に関連させられていた。

このような四帝統治体制に対する勝利のメッセージは、コンスタンティノープルという名前に象徴されるような、皇帝個人と都市のつながりとも密接に関連していると考えられる。コンスタンティヌスは自らの親族たちに帝権を受け継がせることを企図していたが、血統による帝位継承は、四帝統治以前の帝国支配原則への復帰を意味するものであった。

新都の建設が始まったのと同時にコンスタンティヌスが次子のコンスタンティウス二世を副帝に任命し、主に帝国東部の統治にあたらせていることも、その意味で見逃されるべきではないだろう。町の中心に据えられた皇帝像は崇拝の対象になっていたし、都が落成した日（都の誕生日）が毎年めぐってくると、コンスタンティヌスの別の像が元老院から引き出されて、戦車競走場に運ばれ、そこでこの像を祝福する式典が催されたと言われている。皇帝自身、自らの遺体を安置する霊廟をこの都に営んでいたことも先述の通りであり、彼の葬儀はローマではなく彼の名前を冠した町で華々しく営まれた。その葬儀後、帝位継承をめぐる争いが起こることは後述するが、その際にコンスタンティヌス一家以外の人物が皇帝候補に挙がることはなかった。コンスタンティヌスの血縁による支配原理は、帝位の面に関しては間違いなく成功を収めたと言えるであろう。

## 複数のローマ――新しい元老院の設置

広大な帝国を統治するにあたり、皇帝が複数必要であるということは、三世紀の危機を通じて明らかになった事態であった。それに付随して、皇帝の拠点となる都市が帝国各地に登場したことも前述のとおりである。しかし、それらの都市がローマにあたる存在になることは結局生じず、せいぜいのところ「皇帝のいる場所がローマ」という思想が確認されるにとどまっていた。しかしコンスタンティヌスが、自らのいる場所、すなわち拠点としてのコンスタンティノープルをローマ市に擬し、都そのものを増やそうと試みた可能性があることは種々の情報から裏付けられる。その意味で、彼の取った措置の革新性は、たとえ彼の時代には大きな都にまで発展することがなかったとはいえ、今一度注目に値すると言える。以下ではこれらの試みを素描してみよう。

まず、皇帝は意図的にローマ市を連想させるモニュメントを新都の中に配した。宮殿に隣接する戦車競走場には、ローマの建国者であるロムルスとレムスを養う雌狼の像が置かれていた。また、ローマ市の中心的な神殿であるカピトリウムの名を冠した施設がこの都に建てられたのも、おそらくコンスタンティヌスの時代であり、宮殿とコンスタンティヌス広場をつなぐ大通りの西端部にあたる位置を占めていた。

このように直接的に首都ローマを連想させるものに加えて、ローマとの神話的つながりを想起させるモニュメントも多数市内に存在したことが確かめられる。先述のように、都市ローマの建国神話はギリシアのトロイア戦争の記憶と強く結びついており、トロイアの地が都の候補に挙がったことはこの点と関連していた。そして、創建当初のコンスタンティノープルの公共建築には、トロイア戦争をモチーフにした彫刻群が多数配置されていたことが史料から裏付けられるのである。また、トロイア戦争の神話と支配権の移行にまつわる重大なオブジェとして、パッラディオンと呼ばれる像がある。この神像は、トロイア市内にあるかぎり、町は陥落しないという護符のような存在としてトロイア戦争に登場し、その後の歴史の経過のなかでローマにもたらされることになった。コンスタンティヌスがこの像をローマからコンスタンティノープルに移し、自分の巨像の立つ柱の下部に埋め込んだという伝承がある。その史実性はともかくとして、コンスタンティノープルがかなり初期の内から、神話的過去の力を使って、都市ローマの東への移植を印象付けようとしたことは確かである。

このようなローマを象徴するものとして特記すべきは元老院であろう。コンスタンティヌスは自分の都に元老院を設置した。また、彼の治世下のコンスタンティノープルに、法務官職が設置されたこともまず間違いない。この法務官（praetor）という職は、ローマ市の元老院議員が着任する、共和政以来の伝統的な都市公職（これを政務官職と言う）のひとつである。そして、これらの措置は、単にローマを連想させるものを設置したという装飾的な意味合いではなく、彼の統治施策とあわせて理解する必要がある。

ローマの元老院議員は三世紀の動乱の中で政治力を大きく減退させていた。皇帝の選出に関してその政治的発言力を甚しく喪失したことは既に見たとおりであるが、他にも軍隊を指揮する将軍職や地方行政職においても元老院議員の役割は低下していた。具体的には、帝国の最上層身分である元老院議員身分に次ぐ、第二の身分である騎士身分が三世紀以降の帝国統治において重要な役割を果たすようになっていた。彼らは一定額以上の財産を持っていることがその身分資格の主要な側面であったが、軍隊指揮や財政・司法業務など、帝国統治に必要な実務的手腕を持っている者たちが皇帝によって取り立てられて、帝国官職に就き、騎士身分に達するという事例が目立っていた。これに対し、財産資格に加えて、出生や都市ローマの政務官職就任が重要な資格となる元老院議員身分は、実務的な能力面で騎士身分ほどの力を発揮できなかった。そのため、元老院議員たちの活躍はコンスタンティヌスの治世以前にはイタリアと北アフリカなど局地的な地方行政の範囲に限られるようになっていたのである。

コンスタンティヌスが特殊であったのは、彼が元老院議員の身分を大盤振舞いで付与したことである。彼の時代以降、それまでであれば騎士身分としてキャリアを終えていたであろう人物たちに元老院議員の身分が与えられるようになった。このような身分付与は帝政前期にも認められた現象ではあるが、コンスタンティヌスはそれを大規模に行った。彼は他にもコメス（「随行員」「近侍」といった意味であるが、皇帝の側仕えではない普通の行政官にもこの名称は付されるようになっていく。最終的に中世では「伯」となる）という称号をふんだんに家臣たちにふるまったことが知られている。いずれにせよ、彼が身分・称号を積極的に与えたこと、イタリアを支配して以来、ローマの元老院議員たちが彼の重要な政治支持層の一角をなしていたこと、彼が帝国全土を支配下に置く久々の皇帝であり、東部出身者たちも彼の支持層に加わったことなどが合わさって、コンスタンティヌス以降、新しい元老院議員身分層が見られるようになっていく。

それまでの元老院議員身分は首都ローマでの政務官職の就任に密接に関わっていた。しかしコンスタンティヌス以後は、元老院議員身分相当の帝国官職を務めることによって、その官職保持者に議員身分が付与されえた。また、コンスタンティノープルに設置された法務官職が従来の首都ローマの政務官職に相当する役割を果たし、その就任者に元老院議員身分を与えることも期待されていた。これにより、コンスタンティヌスは新しい貴族層の創設に先鞭をつけることになったのである。ある史料では、コンスタンティヌスの時期のコンスタンティノープル元老院議員は「輝かしい」（clari）人物であったとして、ローマの元老院議員のように「この上なく輝かしい」（clarissimi）人物ではなかったことが言外に仄めかされている。しかし、軍事指揮や司法業務、財政業務に手腕を発揮する実務家たちが元老院議員身分に編入され、新しい貴族層を作る道を開いたことは、この後の地中海世界で新たな社会層が帝国を動かしていくようになる過程において大きな意味をもつものであった。複数の皇帝という理念に加え、複数のローマ市という理念を持ち込んだこと、それこそがコンスタンティヌスの蒔いた種である。そして、新しい人材を惹きつける余地のある、支配を象徴する都市を建設したことの成果は後の時代に結実することになる。

# 第二章

# 元老院の拡大——コンスタンティヌスの発展的継承

## 血の争い

コンスタンティヌスは三三七年五月二十二日に死去した。ペルシア遠征を企図していた時期に体調を崩し、ニコメディア近郊での湯治の途上で最期を迎えた。遺骸は黄金の棺に入れられてコンスタンティノープルに運ばれ、壮麗な葬祭が営まれた。慣例に従って、死去した皇帝には神格化の栄誉が元老院によって与えられる。亡骸はその後、帝が生前にコンスタンティノープルに建設させていた霊廟である聖使徒教会に安置された。

前章で述べたように、コンスタンティヌスは多数の親族を副帝（カエサル）に据えていた。彼

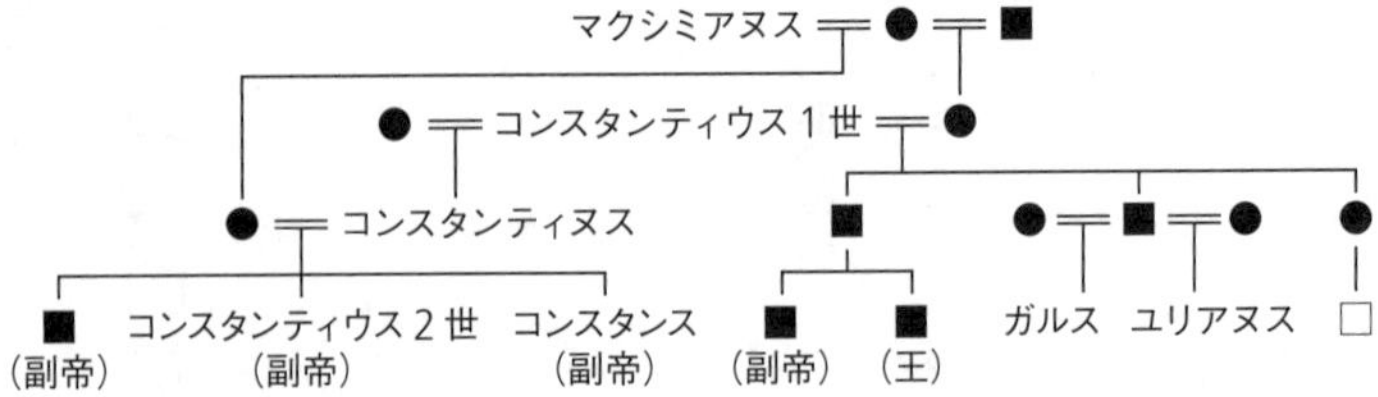


※●は女性、■と□は男性。（　）書きの称号はコンスタンティヌス帝死亡時のもの。□は後のローマ市の「僭称帝」（59頁参照）

が死を迎えた時点でも三人の息子と一人の甥が副帝となっており、もう一人の甥も王称号を与えられていた（系図）。甥の一人が王とされたのは、コンスタンティヌスがペルシア遠征を行う上で、その重要な戦略拠点となるアルメニアに楔を打ち込むための措置であったと考えられる。コンスタンティヌスが具体的にどのような次世代政権のあり方を考えていたにせよ、少なくとも後継者に不足はなかった。しかし、コンスタンティヌスの死後、事態は思わぬ方向に進む。

最初の事件は、まさにコンスタンティヌスの死の直後に発生した。コンスタンティノープルで軍隊の暴動が起こり、一部の皇族が大虐殺にあったのである。この騒動の中、それぞれ副帝と王であったコンスタンティヌスの二人の甥は殺害され、彼らを補佐していたその父親たち（コンスタンティヌスの異母弟にあたる）も殺された。この暴動の被害者たちはいずれもコンスタンティヌスの父親コンスタンティウス一世が、かつての西の正帝マクシミアヌスの義理の娘との間にもうけた子孫たちであった。彼らは血筋の上では、四帝統治体制の皇帝たちの血筋を色濃く受け継ぐ名門中の名門であり、その点で、母方の出生がそこまで目覚ましいものではなかったコンスタンティヌスとその直系の子たちにも勝る存在であった。この殺戮を免れたのは、当時罹患していて命も危ういとされていた幼いガルスと、物心もつかない赤ん坊だったユリアヌスの二人だけであった。

殺戮は軍隊の暴動ということにされたものの、帝国東部を実質的に管掌していたコンスタンティウス二世がこの殺害に関与していたという噂は絶えずささやかれることになった。事の真偽は不明である。当時も曖昧だった宮廷の中枢で決められた政治的陰謀の実態を突き止めることは現在では不可能だからだ。当時のコンスタンティウス二世は二十歳になるかならないかというところであり、既に政治的野心を秘めていて、自ら判断を下せる年齢であったことは間違いない（ローマ帝国初代皇帝となる、あのアウグストゥスが独裁官カエサル暗殺後に自らの判断で挙兵したのもほぼ同じ年齢であった）。

ただし、この騒動に関連して、コンスタンティヌスのもとで権勢をふるったアブラビウスという官職者も殺害されていることには注意が必要であろう。この人物は、単にコンスタンティヌスのもとで影響力があったというだけにとどまらず、自分の娘を皇帝の第三子コンスタンス（コンスタンティウス二世の弟）に嫁がせようとしていた。したがって、この人物の殺害は単純に血筋の理屈だけでは説明がつかないのである。おそらく、コンスタンティノープルでの殺戮劇は、単に皇帝親族間の政治権力闘争ではなく、各副帝たちの背後にいる有力者たちの権力闘争の側面も持っていたのであろう。コンスタンティヌスという絶対的な存在がなくなった機会に、コンスタンティウス二世とその支持者たちが、潜在的なライバルとなるコンスタンティヌスの異母弟たちとその子供たち、そして複数の有力官職者を政治舞台から一掃したとするのが妥当な解釈ではないかと思われる。

ともあれ、コンスタンティヌスの死後まもなくに政治的粛清が発生したのは不穏な兆候であった。実際、皇帝の死は彼の三子が正帝（アウグストゥス）として宣言される九月九日まで三カ月以上秘されており、新秩序のあり方に明確な見取り図がなかった（あるいは暴動の結果、失われた）ことが窺われる。この三兄弟は会見を行い、それぞれが帝国のどの地域を担当するのかを決めた。大まかな担当領域を除いて三人の合意についてはよく分からないところも多いが、いずれにせよ、この合意も長くは続かなかった。それから三年後、帝国の西側を分担していた長兄と末弟コンスタンスの間で諍いが起こり、その戦闘の中で長兄が戦死したのである。コンスタンティヌスの死から五年も経たないうちに皇帝は二人にまで減り、多くの血が流れることになった。

このように、コンスタンティヌス死後の帝国運営は当初から波乱含みの展開となった。しかし、その一方でコンスタンティヌスの築いた都は新たな飛躍を遂げることになる。それは、コンスタンティノープル元老院が発展し、新しい社会の中心が用意されたという点で最も顕著であった。本章では、この変化をもたらしたコンスタンティヌスの息子コンスタンティウス二世に特に着目しながら、その経緯を追っていくことにしよう。

## 東西の両正帝――協調の裏の緊張

度重なる混乱の後、バルカン半島の大半をも含む帝国西部は弟のコンスタンスが統治し、コンスタンティノープルなどバルカン半島の東北端とアジア側を兄コンスタンティウス二世が統治するという二帝体制が確立する。この体制はその後十年近く比較的よく安定し、東西両政府の協力体制を示す証拠も見つかっている。しかしながら、この二者の間には、それまでの歴史には見られなかった微妙な関係があった。東の皇帝と西の皇帝の関係性である。

これまでのローマ帝国の歴史の中でも複数の皇帝が統治にあたることは多々見られた。しかしながら、それらの共同統治体制は基本的には父子関係、あるいはディオクレティアヌスの四帝体制のように、前任者が同僚帝を選抜するような関係性であった。このため、複数の皇帝がいても、主導権を持つ皇帝の存在はしばしば明らかであった。ところが、コンスタンティウス二世とコンスタンスの関係はそこまで明瞭な上下関係にはない。たしかにコンスタンティウス二世の方が生まれは早く、副帝にされた時期も早かったが、正帝となったのは完全に同時期である。そして、儒教文化圏にいる我々は兄が弟に対して優位に立つことを自明としがちであるが、地中海文化圏では兄弟間に生まれの早さをもとに優劣をつけることは必ずしも当然ではない。そのため、東の正帝と西の正帝が政策で合致しなかった場合、どちらに従うべきなのか、明確ではないという問題が生じえたのである。

実際、このような微妙な政治関係が表面に現れたのが、キリスト教聖職者の処遇をめぐる問題であった。当時大きな政治的問題になった人物として、エジプトのアレクサンドリア司教アタナシウスがいる（なお、本書では、「主教」ではなく「司教」のように、基本的にカトリックの用語を用いる）。彼は、その強硬な神学的主張と、強引な政治的手腕のため、コンスタンティヌス帝の晩年にはエジプトから所払いとされていた。ところがこのアタナシウスは移住先の帝国西部で後援者を獲得し、その後、コンスタンス帝からも支持を得ることに成功する。そして、これらの支持を頼りに、彼はアレクサンドリアへの帰還を画策することになる。他方で、帝国東部の有力司教たちの間ではアタナシウスの評判は芳しくなく、彼らの支持を受けていたコンスタンティウス二世はアタナシウスの復帰に消極的であった。

アタナシウスのように東部では排斥されたが、西部では好意的に受け入れられたキリスト教聖職者たちは他にもおり、彼らの処遇などをめぐって、セルディカ（現ソフィア）で教会会議が開かれることになる。場所の選定にあたっては、東西皇帝の担当領域の境目近くであるという交通上の利便性があったろう。東西両皇帝の後援のもと、教会会議は始まるが、結果的には東西それぞれの司教たちは分離して、それぞれ独立の会議を開催し、その会議決定事項はお互いに無視しあうという袋小路に陥った。皇帝たちもその会議結果を強硬に押し通すことはなく、結果的に東西での教会の不和は深まることになる。このような潜在的な東西関係の不透明さを残しながらも、両皇帝は外部勢力との戦闘を続け、帝国防衛を続けた。コンスタンスはフランク人に対する戦いを進めたほか、ローズマリー・サトクリフの小説『辺境のオオカミ』にもモデルとして現れるようにブリテン島にも渡って治安を保とうとした。他方、コンスタンティウス二世はササン朝ペルシアの度重なる進撃をメソポタミアで防いでいた。皇帝はやはり「辺境」に張り付いていたのである。

このような東西均衡状態は、三五〇年になって崩壊する。この年、西帝コンスタンスは部下の将軍マグネンティウスが起こしたクーデターの中で殺害されたのである。マグネンティウスはその後、コンスタンティウス二世のもとに使いを送り、両者で帝国を協調して統治することを提案した。ここにきて、帝国各地で新たな政治的事件が続発する。すなわち、ドナウ川方面とローマ市の二カ所でそれぞれ、さらに別の皇帝が擁立されるのである。興味深いのは、ここで擁立された二人の皇帝がいずれも、コンスタンティヌス家と関係があった点である。すなわち、前者はコンスタンティヌスの娘によって帝位にあげられたと伝えられ、後者はコンスタンティヌスの異母妹の子にあたる人物であった。これは、マグネンティウスがコンスタンティヌス家と無縁の人物であったことと対照的である。マグネンティウスは戦力の手薄なローマの「僭称帝」を破り、西部の支配は固めるものの、ドナウ方面にもう一人の皇帝が登場したために東部への進出には手間取ることになり、これがコンスタンティウス二世に反撃の余裕を与えることになった。

一方、コンスタンティウス二世はそれまで従事していたペルシア遠征を切り上げ、西方に進軍する。留守になる帝国東部には、三三七年の虐殺を生き延びたガルスを副帝として残した。そして、コンスタンティウス二世はマグネンティウスの協調提案は断固として拒否するのに対し、ドナウ軍団の前では演説を行って、軍隊の恭順を勝ち取ることに成功する。そして、ドナウ軍団に擁立された皇帝は自らの意思で退位する。このような一連の経過から見ても、コンスタンティヌス一族が帝権について極めて大きな発言権を持っていたことが読み取れよう。その後、東西の軍隊はぶつかり合い、コンスタンティウス二世が勝利を収める。残党勢力も排除され、かくして帝国全土にコンスタンティウス二世の覇権が及ぶこととなる。

## 帝国統治の実験——神々しい単独正帝

前述のように、コンスタンティウス二世は副帝として従兄弟のガルスを帝国東部に残していたので、二帝体制は維持されていた。しかし、史料が伝えるのは、この副帝は名ばかりで、実質的な権力は彼を取り巻く官職者たちが握っていたというものである。アンティオキアに残されたガルスは、コンスタンティウス二世のもとから派遣されてきた官職者と軋轢を深める。最終的に、この対立の結果、ガルスはアンティオキアの民衆をけしかけて、官職者たちを虐殺に至らしめる。この事件は大きな問題となり、結局ガルスはコンスタンティウス二世のもとに召喚された末に、処刑されてしまう。これにより、帝国に残った皇帝は遂に一人となった。

しかし、コンスタンティウス二世はその後まもなく、男系親族の最後の生き残りユリアヌスを副帝に任命する。マグネンティウスとの内戦以来、いわゆるゲルマン人の侵攻によって動揺していたガリア方面の秩序を回復する必要があった。そこでその地方の軍隊がユリアヌスに委ねられ、正帝自身はドナウ戦線やペルシア戦線にあたることになったのである。史料が一致して伝えるのは、ガルスの場合と同様、ユリアヌスにはほとんど実権が与えられていなかったという点である。重要な人事はコンスタンティウス二世が一手に握り、ユリアヌスの自由裁量の余地は極めて少なかったとされる。しかしながら、ユリアヌスは軍の進め方などに独自の才覚を発揮するところもあり、ストラスブールの戦いではゲルマン人に対する大勝利を収めることに成功した。副帝の勝利が正帝に帰されるのはディオクレティアヌス以来の慣例であったが、この戦勝を機にユリアヌスの声望は相当に高まり、コンスタンティウス二世の嫉妬を招いたと伝えられている。

左がコンスタンティウス２世、右がガルスの肖像。ガルスはディアデマをかぶっていない

さて、コンスタンティウス二世が副帝を明らかに正帝より劣った存在として扱っていたことは貨幣肖像などからも裏付けられる。コンスタンティヌス帝以来、皇帝はディアデマと呼ばれる宝石をちりばめた頭飾りをかぶるようになっていたが、副帝のガルスやユリアヌスの肖像にはディアデマが刻されていないのである（写真）。

左がコンスタンティウス２世、右がガルス。『354 年のカレンダー』より

また、あるローマの貴族が作らせた『三五四年のカレンダー』にはその年のコンスルだったコンスタンティウス二世とガルスが描かれているが、前者が椅子に座った姿で描かれているのに対し、後者が立ち姿で描かれるなど、地位の違いが明確に分かるようにされていた（写真）。複数の皇帝が統治に必要でありながらも、実質的な決定権者は単独でないと帝国は十全に機能しない。コンスタンティウス二世の副帝の扱いはそのような帝国統治の難しさを克服するための実験と見ることができるだろう。

コンスタンティウス二世が正帝たる自分自身を超然とした存在として演出しようとしていたことはいくつかの史料から窺える。もっとも代表的なものとして頻繁に引用されるのが、三五七年に首都ローマに凱旋入城した皇帝の姿である。まずはその叙述を見てみよう。

そして、他の雑多な人間が先導した後に彼〔＝コンスタンティウス二世〕を取り囲んでいたのが、緋色の糸で編まれた竜どもであった。これらは、黄金と宝石で飾り立てられた槍の穂先に結び付けられていて、大きく開いた口から風を通し、そのためあたかも怒りに駆られてシューシュー唸るかのようであり、くねくねとした尾を風にたなびかせていた。また、両側には武装者たちの二重の列が行進していた。飾りの入った盾と兜がキラキラと光を放ち、輝く胸当てを身につけていた。これに混じっていたのが、クリーバナーリウスと呼びならわされている装甲騎兵たちで、仮面のような兜を被り、胸甲に覆われ、鉄の腹帯を締めていて、これは〔著名な彫刻家〕プラクシテレスの手で磨き上げられた彫像であって、人間ではないと思われるほどであった。〔中略〕こうして正帝は、目出度き歓呼の声を浴び、山々や岸辺に大音声が轟きわたっても、身動き一つせず、己が諸州において見られたのと違わぬ、同じ不動の姿勢を示していた。実際、高い門をくぐりぬけるときにはその体を（極めて小さいにもかかわらず）傾けたし、あたかも首を固めでもしたかのように視線を真正面に向け、顔を右にも左にも振ることはなかったのである。そして、まるで人間の像のように、車が揺れても身じろぎしなければ、唾を吐いたり顔や鼻を拭ったり擦ったり、あるいは手を動かしたりするところもついぞ見られなかった。これらは彼がわざと装っていたものではあったが、それでもこれらのことは、私生活におけるその他諸々のこととあわせて、彼の凡庸ならざる忍耐力を示すものであり、世に認められていたように、ただひとり彼にのみ許されたものであった。一方、彼が帝位にあった全時期を通じて、いかなる私人も乗り物に同乗させなければ、同僚コンスルにも迎えなかったこと（神格化された元首たちはそうしていたのであるが）、

コンスタンティヌスがローマ市に入城した場面を描いた、ローマのコンスタンティヌス凱旋門のレリーフ。下は部分拡大。竜の形をした幟が確認できる

そして、高慢の極みに上っていたがゆえに数多の同様のことをまるでこの上なく衡平な法であるかのように遵守したことについては、そういう事例のあった際に報告したと記憶しているので、省略する。（アンミアヌス・マルケッリヌス『歴史』第十六巻第十章七―十二。山沢〔二〇一七〕訳をもとに筆者改変）

竜の形をした幟《のぼり》を持つ旗持ちたちや、彫像のような装甲騎兵たちに取り巻かれ、当人も彫像のように微動だにせず、近寄りがたい雰囲気を醸し出す皇帝の姿が浮かび上がる（写真はこれに先立つコンスタンティヌスの来訪を描いたもの）。そして、皮肉な筆致で描かれているとはいえ、私人と名誉を分かち合うことのないよう細心の配慮をしていた様子が窺えよう。もっとも、ローマに入った後の皇帝は元老院で政治談議を行い、演壇から市民たちに語りかけ、市内の名所見物を行ったことなどが知られているので、実際には、ローマの市民的伝統に従った打ち解けた姿も見せたはずであ

る。しかし、上記の文で「己が諸州において」と断られているように、帝国東部にいたときや私生活の場など、随所で荘厳な姿を示すことを帝は重視していた。皇帝を描いた図像でも、正面から皇帝を捉えた静的な描写を採用する傾向が見られるようになっていく。神像のように近寄りがたい威光を発する皇帝。ディオクレティアヌス以来、皇帝像ではニンブスと呼ばれる後光のような意匠が頭部の背後に施されるようになるが、コンスタンティウス二世が理想とする皇帝像は、常人とは隔絶した、神々しさを感じさせるものであったと思われる。

## コンスタンティノープル元老院の発達

コンスタンティウス二世が三五七年にローマ市を訪れたのは、帝国史上久々の皇帝によるローマ訪問であった。実のところ、四世紀になると首都ローマが皇帝を目撃することはほとんどなくなっていた。ディオクレティアヌスが三〇三年に即位二十周年記念祭を祝った後は、コンスタンティヌスが三一二年、三一五年、三二六年の三度来訪しているが、いずれも数カ月程度の滞在にすぎない。コンスタンティウス二世の来訪は史料から確認されるかぎりではこれ以来の皇帝のローマ訪問であった。四世紀中ではこの後も三八九年のテオドシウス一世による一度の訪問は確実であるが、それ以外には別の皇帝による訪問一回が推定されているだけなので、多くても二回ということになる。このように、四世紀という百年の間に皇帝と首都が出会ったのは合算しても一年強という程度にまで、両者の間は疎遠になっていた。もっとも、前章で見たマクセンティウスの六年間の統治やマグネンティウスに対抗する皇帝の擁立などローマ市が皇帝を擁立していた期間を含めればもっと長くなる。正統とされる皇帝たちを基準とする視点からすると、滞在期間が過少に評価されてしまうところがあるからだ。しかし、いずれにせよ、政治的中心からローマが離れつつあることは明らかであった。

コンスタンティウス二世がこの時期にローマ市を訪問した動機については不明な点が多い。正帝即位二十周年記念のためとも、凱旋式のため（もっとも、実質的にはマグネンティウスに対する内戦の勝利のため、この名目での式典は道義上問題があり、先に引用したアンミアヌスもそれを皮肉っている）とも言われているが、いずれにせよ建前にすぎず、真の目的は明かされない。ともあれ、この時コンスタンティノープルから派遣された使節が、皇帝やローマの有力者たちを前にして、ボスポロス海峡の畔にある帝国第二の都市を喧伝する演説を発表している。この人物はテミスティオスという哲学者であった。彼はアリストテレス哲学に造詣が深く、アリストテレスの『魂について』に対する彼の注釈がアラビア語を介して現在にまで伝わっている。そのテミスティオスは、哲学者としてと同時に、コンスタンティノープルの元老院を代表して、ローマで演説を行ったのである。

演説は、コンスタンティノープルがコンスタンティウス二世から得てきた数々の恩恵の感謝を述べるという体裁を取っている。そこでは、コンスタンティノープルという都市はコンスタンティヌスによって生み出されたものの、その発展がもたらされたのは、妹に対するように町に愛を注いでくれたコンスタンティウス二世のおかげだとされる（古典ギリシア語やラテン語では都市は女性形で表されるので「妹」となる）。実際、コンスタンティウス二世が副帝に任命されたのは、コンスタンティノープルが着工されたのと同じ三二四年のことであり、両者の結びつきを強調することができたのである。

そして、テミスティオスはコンスタンティヌスの時期とコンスタンティウス二世の時期とでコンスタンティノープルの発展に違いがあったことを指摘する。先述の弁論の最後の部分ではこの違いが強調されている。

> あなたの町〔＝コンスタンティノープル〕があなたの父君の町と異なるのは、あなたの父君の町がそれ以前の町と異なる以上であります。それは、偽りのはかない美から真の確固たる美へと変わったのです。かつてはその町は、思うに、自分の目を楽しませようと情熱を燃やす辛抱の利かない恋人の慰みものでした。そのため、彼女は輝き出すと同時に古びはじめたのです。しかし、あなたが彼女にまとわせた飾りは、美を伴うとともに時の経過も見据えてしつらえられております。ですから、彼女はその華やぎによって束の間のものを克服し、その確固さによってこの上なく古い町々をはるかに凌いでいます。〔中略〕そのため、以前は強制によって元老院は名誉を得ており、その名誉は罰と何ら異ならぬと思われておりました

が、今では人々がそれを望み、あらゆるところから自発的に駆け寄っています。そして以前は、人々は広大な土地や金銭で買収され、邸宅の贈物は餌だと見なしておりましたが、今では人々が自らの懐から拠出をして、その支出に喜んでおります。（テミスティオス『第三弁論』四十七c―四十八a）

この弁論において、元老院の拡大が、コンスタンティノープル発展の大きなポイントとして挙げられていることが読み取れる。またテミスティオスは元老院の発展に関してコンスタンティヌスとコンスタンティウス二世の違いを指摘しているが、これは他の史料からも裏付けられる。実際、コンスタンティヌス帝はコンスタンティノープルの居住者が増えるよう、様々な手配をした。例えば、小アジアにある帝室御料地の農場所有者は邸宅をコンスタンティノープルに構えねばならないという法律をコンスタンティヌスが出していたことが知られており、建設直後の新都への人の誘致が強引だったことが垣間見える（『テオドシウス二世の新勅法』第五章第一法文）。これに対し、コンスタンティウス二世が帝国全土に支配権を確立した三五〇年代になるとコンスタンティノープル元老院が整備されていき、各地から人が集まるようになっていった。以下では、このコンスタンティウス二世の措置を少し詳しく見ていくことにしよう。なぜなら、その措置は単なる首都の物理的なインフラ整備にとどまらず、帝国の社会構造の変革に大きな影響をもたらしたものだからである。

## コンスタンティウス二世治世下の元老院議員登用

そもそも、コンスタンティノープル使節として弁論を発表していたテミスティオス自身、コンスタンティウス二世その人によってコンスタンティノープルの元老院議員に推薦され、議員たちの票決で受け入れられた人物であった。そして、コンスタンティウス二世のもとでの元老院の拡大はこのテミスティオスの主導によってなされたと考えられている。例えば、同時代史料からは三五七年から三六〇年頃にかけてコンスタンティノープルに向かおうとする人々の姿が多数確認されている。その中で、コンスタンティノープル元老院議員の筆頭であったテミスティオスに対して、負担の免除など様々な依頼が元老院議員からなされていることが確かめられるのである。テミスティオス当人も、三八四年にコンスタンティノープル首都長官になった際に、自らの業績を振り返り、この元老院が元来の三百名から二千名にまで拡大したのは自分の成果だと誇らしげに語っている。この二千という数値が何を意味するかについては後程述べるとして、コンスタンティウス二世の治世末年に、テミスティオスが元老院拡大に大きな役割を果たしていたのは間違いない。そのことはコンスタンティノープル元老院で法務官を選出する会議に関する勅法で、数々の名だたる高級官職経験者たちについては単純に定足人数が指定されているだけなのに対し、特別な役職を果たしたことのないテミスティオスについては会議に必要な人員として名指しされていることからも窺い知れる。
このテミスティオスの推薦にあたって、皇帝自身が元老院に宛てて送った書簡が現在も残されている。その冒頭で、皇帝が元老院に所属する議員たちの資格を要約している箇所がある。皇帝の考えを探るためにも、その文章を引用しておこう。

実際、人はそれぞれ異なるものによって高められ、高貴なものとなる。ある人たちの場合は、自らの財貨の栄えによってであるし、ある人たちの場合は、地所の豊かさによってである。また、いくらかの人たちの場合は国家に対する奉仕によってであり、またある人たちは言葉の巧みさによってである。実に、良識あるあらゆる人々が、別々の複雑な道を通じて、一つの同じ名声の頂き〔＝元老院〕へと向かうのである。しかしながら、そのうちの多くの道が遠回りで危険であるのに対し、唯一安全で確かなものは徳による道である。（『コンスタンティウス二世の演説』十九b—c）

コンスタンティウス二世は元老院議員の資格となりうるものとして、財産、土地、国家奉仕、学識、そして徳を挙げている。生まれが何よりも重視される古代社会において、直接的にはそれを挙げず、むしろ個々人の能力が強調されている点を指摘しておきたい（もっとも、相続などの関係で土地財産は生まれと強く結びついている時代であったが）。皇帝が挙げている要素の中には国家奉仕も挙げられており、これは何代も続く高貴な家柄を誇るローマの伝統的な元老院議員たちが備えていたものとは一線を画する基準である。そして、コンスタンティヌス、そしてそれに続くコンスタンティウス二世の統治期は、個人の実力さえあれば、生まれが卑しいとされる者でも急速な社会的上昇を遂げられる時代であった。

コンスタンティウス二世期の元老院議員たちがいかなる素性であったかをよく示すのがアンティオキアの修辞学教師リバニオスの弁論である。テオドシウス一世の治世に発表されたこの弁論では、約三十年前のコンスタンティウス二世治世を回顧する形で、以下のようなことが述べられている。

もし、名指しで幾人かの議員たちも挙げねばならないとすれば、今の元老院議員たちについては〔私ではなく〕他の人の方がおそらく上手く語れるでしょう。思うに、側に居合わせる人ならそういうことを知っていますから。他方で、かつて議員だった者たちでどこもかしこも満ちています。そこで、声高に語られてきて、誰もが知っているがゆえに敢えて学ぶ必要もないようなことを私は述べるとしましょう。

建築の監督者でクレタ人のテュカメネスは青銅工の子供でした。しかし、テュカメネスが元老院で如何ばかりの人物であったかを知らぬ人がいるでしょうか？　アブラビオス〔＝本章冒頭で触れたアブラビウス〕は同じ〔クレタ〕島の出身で、当初はクレタ総督の下僚たちに仕えていました。しかし彼は、その土地から出航して航海していたときは数オボロス（＝少額の貨幣）のために海中の神々に祈りを捧げていたのに、かの支配者（＝コンスタンティヌス）を支配するようになると、元老院議場に入ってくるたびに、人中の神となりました。フィリッポスはどうだったでしょうか？　ダティアノスはどうだったでしょうか？　前者の父はソーセージ職人でしたし、ダティアノスの父は入浴する人たちの衣服番をしていたのではないでしょうか？　タウロスはどういった出自でしょう？　エルピディオスは？　ドメティアノスは結構な暴行と引き回しによって亡くなってしまいましたが、彼自身にもまた、手仕事を生業とする父親がおりました。ドゥルキティオスも元老院の一員で、ミダスに劣らず黄金を愛していたくせに、金にがめつい人々を忌まわしいと呼んでいた人です。その彼は、洗濯場に自分の父を残して、フリュギアのクリーニング屋の中でひときわ優れていたので、元老院に加わり、フェニキアとイオニアを統治しました。しかし、『何てことだ、私たちのところにクリーニング屋がやってくる。元老院が潰されてしまう方がよっぽどましではないだろうか』と立ち上がって言う人は誰もいませんでした。（リバニオス『タラッシオス弁護（第四十二弁論）』二十三―二十四節）

ここで挙げられている人物たちはコンスタンティヌスやコンスタンティウス二世の治世下に、トップクラスの帝国官職を務めあげ、その政治的影響力も絶大だったことが数々の史料から裏付けられる人物たちである。しかし、リバニオスが語るように、彼らは生まれの上では決して高貴とは言えず、その父親たちは手仕事やサービス業など、古代においては卑しいとされる職に就いていた。しかし、彼らは父親の代で蓄えた財を元手に社会的上昇を果たすことに成功する。通例、このような人々は都市参事会員へと上昇を果たした。都市参事会とは、各地方都市の運営を担う、その土地の名士たちから成る集団で、帝政前期には都市自治を担う組織として極めて重要な位置づけを与えられていた。都市参事会員はこの参事会を形成する構成員の名称である。その一方でコンスタンティヌスの時代以降は、父親の代で蓄えた財産をもとに子供が高等教育を受け、直接帝国官職を目指す者が多く見られた。そして、コンスタンティノープル元老院の拡大は、このような都市参事会員層からの人材引き抜きと、帝国官職者に対する地位の付与をもとに行われた点に注意する必要がある。

### 新たな元老院議員身分の形成

都市参事会員は帝政前期においては都市自治の担い手として、社会的声望の高い集団であった。ローマ帝国はその広大な領土に比して、ローマから直接派遣する行政役人の数が少なかったが、それでも統治が成り立っていたのは、都市ごとの自治が機能していたからであった。帝政後期に至っても、都市自治がある程度機能していたことや、都市参事会員がその中で重要な役割を果たしていたことには変わりがない。しかし、帝政後期になると中央政府の肥大化が大きな影響を地方にもたらすことになる。

前述のように、三世紀末のディオクレティアヌス以来、皇帝が複数並存することは常態となっていったが、それは皇帝の身辺を世話する宮廷スタッフが倍加することを意味していた。当然、支払うべき給与も多くなる。加えて、頻繁に移動する軍隊の補給・人員維持や壊れたインフラの再建のためには、税の徴収を効率的かつ確実に運用できるように整備する必要があった。このため、帝政後期になると州分割が行われるようになる。これは行政単位としての州を細分化し、一人あたりの州総督が担当する地理的範囲を狭くするというものである。これによって、州内諸都市の税徴収に対して州総督の目配りが細かく行き届くようになった。同時に、ローマ市民権を手に入れた人々が増えたことでローマ法を利用した訴訟の数も増加傾向にあったが、第一審級となる州総督の法廷数が増加することで、この新しい事態に対応できるようにした。しかし、このような州総督庁の増加は、そこで司法業務や財政業務に携わる役人たちの数も増やすことになったため、中央政府が給養すべき人員は軍事部門・民政部門ともに肥大化の一途をたどった。これらの地方官庁人員を維持するためにも税制の整備は不可欠だったのである。

帝政後期の税徴収の仕組みは極めて複雑であるが、大雑把に言えば、州総督の差配のもと、各都市の都市参事会員ら地元の名士たちが連帯して徴収・輸送業務にあたった。当時の税は金銭という形を必ずしも取るわけではなく、むしろ軍隊の糧食・馬匹《ばひつ》・装備品の補給のために現物税という形を取ることも多かったため、税の徴収のみならず輸送についても入念な配慮をする必要があったのである。都市参事会員はある意味帝国を支える現地要員としての役割を持つようになった。しかし、税徴収が難航した場合は、未徴収分を自腹で負担したり、徴収に際する不正の疑惑がかけられた場合には州総督からの取り調べを受けたりする可能性があったため、業務の負担は重かった。とりわけ、帝政前期には誉れある地位として、取り調べの際に拷問などから免除されるのが慣わしであった参事会員は、帝政後期には拷問にかけられることも多くなった。参事会員間の貧富の差も拡大し、一部の有力参事会員は大土地所領を構え、市政を牛耳る一方で、中小の参事会員は発言権の小さい中で、諸々の負担を苦にするものも少なくなかった。後者のような参事会員にとっては、社会的声望を大いに高める可能性がある帝国官職や元老院議員の地位は極めて魅力的に映ったであろう。ちなみに、いくつかの負担からの免除特権を手にすることができるキリスト教聖職者の地位も、四世紀になって都市参事会員層が目指すようになった新しい社会身分である。

帝政後期のローマ政府が都市参事会員を頼ったのは税徴収の面だけではない。新たに肥大化した国家機構をそもそも整えるために、読み書き計算の能力に優れた人員を大量に採用する必要があった。その求人に応えたのが、それまで地方都市の世界で暮らしていた都市参事会員層だったのである。もっとも規模は小さいとはいえ、このような人材の採用は帝政前期にも確認できることである。当時の場合、採用されて帝国官職に就いた人物は帝国第二の身分層である「騎士身分」として軍・司法・財務などの分野で活躍することになった。ただし、彼らは帝国の最高身分たる元老院議員身分とは一線を画され、元老院議員と騎士とでは官職経歴は截然と分離されていた。類まれな能力を発揮して皇帝の寵を得た人物は、数々の騎士身分官職を経た後に皇帝の引き立てで元老院議員身分に編入されることがありえたが、これはあくまで限定された事例にすぎなかった。

このような二つの身分の分離状態が長く続いた中、三世紀の危機で大きな役割を与えられたのは実務能力に秀でた騎士身分であり、元老院議員たちはその役割を縮小していった。その潮目を変えたのがコンスタンティヌスである。前章で述べたように、彼は有能な元老院議員を国政の様々な部門に抜擢する一方で、元老院議員身分を大盤振舞いするという潮流に先鞭をつけた。コンスタンティウス二世の時期にもこの方針は続けられ、結果的にそれまでであれば騎士身分でとどまった人々は軒並み元老院議員として扱われるようになっていった。とりわけ帝国東部においては、速記術やラテン語、ローマ法など帝国行政に直接的に関わる実用的な知識を持つ人物が重用されて、高官になる事例が散見されるようになる。先にリバニオスがいささか侮蔑的に挙げていたコンスタンティノープル元老院議員たちは、このような時代の申し子ともいえる人々であった。この時代には、騎士身分と元老院議員身分の融合が進み、帝国官職に就くことで元老院議員身分を与えられたエリートが多く登場するようになった。

このように、そもそもの帝国官職のポスト数が増大し、その内の一部が元老院議員身分と結びつけられたことで多数の元老院議員身分保持者が生じつつあったところに、コンスタンティウス二世の肝いりでコンスタンティノープル元老院の議員確保がテミスティオスに委任されることになった。些か分かりにくいのであるが、この時期には元老院議員身分、すなわち現代で言うところの資格に近いものを得ることと、実際に元老院議員として院に入り、議員として活動することとは別のことになりつつあった。元老院議員身分は皇帝によって与えられたほか、帝国の高級官職に就くことに付随して与えられたり、議員の子に継承されたりしたが、院に入るためには議員たちから認められる必要があった。先にテミスティオスの発言で三百名から二千名に増大したという数値が出たが、その数の大きさから、おそらく実際にコンスタンティノープル元老院に詰めた議員数ではなく、帝国東部の元老院議員身分保持者の数であろうと推定されている。また、コンスタンティウス二世が帝国全体の覇権を確立したことに伴って、それまでローマの元老院に所属していた人物が、コンスタンティノープル元老院の所属に移管されるという事例もあったようである。この場合は、おそらく当該人物が居を構える地域をもとに管轄が分かれたのであろう。実際、帝国西部すなわちローマの元老院についても二千名という数が一つの目安となっていたことが知られており、その場合、帝国のエリート層をまとめる東西二つの同規模の核があったことになる。

元老院議員としてコンスタンティノープルで活動するためには、法務官着任に伴う同市での見世物の催行や、元老院議員個人にかかる特別な税など大きな経済的負担に服す必要があった。しかし、元老院議員の地位は極めて高い社会的名誉であったから、様々な地方出身者がこれを目指すことになった。この結果、コンスタンティノープルには官職経験者や、地方の名士、優秀な医師や弁論家などの知識人が元老院議員として集まることになる。

## 帝国東部の極

テミスティオスの主導になる元老院議員登用がなされる以前にも、既にコンスタンティノープルがローマに次ぐ帝国第二の都市であるという言説は流布していたし（ユリアヌス『第一弁論』、テミスティオス『第三弁論』）、図像資料などでも、この町がローマにはかなわぬものの、アレクサンドリアやアンティオキアなどの大都市に勝るとも劣らない存在として捉えられていたことが確かめられる。しかし、コンスタンティウス二世による元老院の整備は帝国東部における元老院議員身分の確立という点で着目すべきであろう。彼の治世末年の三六一年五月三日に出された法からは、元老院議員の広範な利害が取り扱われていたことが分かっている。そこでは、元老院議員の税制面・司法面での特権が明示されるとともに、議員が就くことのできる法務官職についての任命手続きも整備された。その法が扱っていた内容は具体的には下記のようになる（各項末尾の数字はその法の断片を収録する『テオドシウス法典』の巻章番号）。

（一）バルカン半島北東部、小アジア北西部の計九州についてはコンスタンティノープル首都

長官が上訴を受理する。（一・六・一）
（二）元老院議員に対して州で課される租税などに関して特別の弁護人を設定できる。（一・二十八・二）
（三）法務官選定のための元老院議会の定足人員について。選定された法務官が死亡した場合の補充措置について。（六・四・十二）
（四）コンスタンティノープルの見世物催行に関わっていた五つの法務官職のうち、二つの法務官職については同市の公共建築に費用を割り当てるべきこと。見世物催行を代理人に委ねる際の措置について。法務官の地位を得ようとする管区代官に対する代替措置について。（六・四・十三）
（五）軍人への宿舎提供義務から元老院議員を免除。（七・八・一）
（六）逃亡小作人の滞納税に関する元老院議員の負担責任について。（十一・一・七）
（七）元老院議員の代理人たちの州における特権について。（十一・十五・一）
（八）新兵税徴収に関する元老院議員たちの負担上限について。（十一・二十三・一）
（九）都市参事会員の公共奉仕を果たさずに元老院議員になった者を、都市参事会に戻すことについて。（十二・一・四十八）
（十）元老院議員の地所を耕作する農民・小作人の農産物販売が商業税の賦課対象にならないことについて。（十三・一・三）

（十二）州での公共建築事業にまつわる元老院議員の免除特権について。（十五・一・七）

このように諸州に散らばる元老院議員の地所に関して、税負担などの面で過剰な負担がかからないような措置が取られていることが分かる。これらからは帝国東部の有力者層を元老院議員として取り込むことに成功したコンスタンティウス二世の施策を見て取れるだろう。これはいわば都市参事会員層の上に広がる新たな地方エリートの創生につながっていった。その一方で、地方都市の運営に支障をきたさないよう、都市参事会員の公共奉仕を果たしていない者が元老院議員身分に入り込まないようにする配慮も見られる。コンスタンティノープルを管轄する行政官についても、それまではプロコンスルという称だったものが、三五九年には首都長官（praefectus urbi）に改められ、首都ローマと同じ官職者が置かれることになった。市政の監督のみならず、元老院議員に関わる上訴を周辺諸州にわたって管掌する首都長官の誕生は、地方エリート層の集まる中心としてローマ的な様相を持った都市が帝国東部に据えられたことを意味する。この都市は、従来のアンティオキアやアレクサンドリアなどのヘレニズム時代以来の伝統を持つ大都市とはまた違った性格を与えられることになった。同時代史料、あるいはそれに近い史料はコンスタンティノープルという町が東部の諸々の都市の犠牲や苦しみと引き換えに建てられたことを強調している。それは、コンスタンティヌスの時代に神殿財産などのカネが没収されて都市の建設に充てられたことも示しているが、それとは別に、人材の面でも、コンスタンティノープルは他都市から力を吸い取ることで成立したのである。

## キリスト教の首都?

帝国内でますます力を増すキリスト教と新都との関係はどのようになっていたのだろうか。後のビザンツ帝国やヨーロッパ社会がキリスト教化されていくことから、コンスタンティノープルについてもキリスト教との関わりが指摘されることは少なくない。とりわけ、コンスタンティヌス帝の著名な伝記に、コンスタンティノープルはキリスト教の都として作られたというくだりがあるし、伝統的な宗教が根強いローマ市を嫌って新都を建設したという後代の伝承もある。このため、コンスタンティノープルはキリスト教都市と見なされがちである。しかし、創建当初のキリスト教との関わりについては解釈の難しいところがある。

コンスタンティヌス帝がキリスト教会に手厚い保護の手を差し伸べたことは疑いのない事実である。しかし、彼は死の直前に洗礼を受けて、その段階で初めてキリスト教に入信したのであり、それまではキリスト教会の儀式に立ち会うことはなかった。これは、彼がキリスト教入信にためらいを見せていたからではなく、当時のキリスト教徒たちの間でしばしば見られる傾向であった。なぜなら、洗礼にはそれまでの罪をすべて洗い流すという効果が信じられていたが、洗礼は生涯に一度しかできないため、できるかぎり死の直前まで実施を引き延ばそうとしたからである。出産直後の幼児洗礼が一般化するのは四世紀末から五世紀初頭になってからの社会現象である。

そのため、コンスタンティヌスの伝記では、帝が自らを「教会の外の司教」と称していたという逸話も伝えられている。彼はキリスト教の聖職者らを友人とし、教義を学ぶことなどもしていたが、あくまで教会外の人物としてキリスト教と関わっていた。実際、彼は旧約聖書に伝わるモーセの幕屋を思わせる独自の祈禱所を作らせて自らの旅に伴わせるなど、独特な手法でキリスト教崇敬にアプローチしていた。聖遺物と呼ばれる聖人の遺骸の一部の移送や天使崇拝など、キリスト教会の本義からするといささか特殊ともいえる信仰形態をいち早く世に示したと考えられるのがコンスタンティヌスであるのも、このような事実に起因しているかもしれない。

コンスタンティノープルにおける宗教的なモニュメントについても、このような我流のキリスト教理解をする皇帝のことを踏まえて、解釈する必要がある。例えば、彼がコンスタンティノープルに自分の霊廟を作らせていたことは既に触れたが、この霊廟は聖使徒教会と呼ばれ、皇帝の遺体のみならず、キリストの使徒たちを讃えるための施設としての性格も併せ持っていた。そして、興味深いのは、コンスタンティヌスの伝記が伝えるこの霊廟のレイアウトである。ギリシア語の解釈が難しいところではあるが、おそらくは、皇帝の棺を中心にして、周囲を十二使徒のモニュメントが取り巻く構造になるよう計画されていた。十二使徒を周囲に従える歴史上の人物としては誰が思い浮かぶであろうか。そう、イエス・キリストである。コンスタンティヌスの棺の配置にはまるでキリストと自分を比定するかのような側面が認められるのである。

そのように見てくると、コンスタンティノープルのシンボルであった柱の上の皇帝像の見方も

左：バチカンの地下から発掘された４世紀のモザイク画。キリストの背後に放射状の装飾が見られる。中：太陽神と並んで描かれたコンスタンティヌス帝。右：放射状の装飾を伴った太陽神の像（トルコのアンタリヤ考古学博物館所蔵）

少し変わってくる。史料によるとこの皇帝像は太陽神を思わせる冠を被っていたと伝えられたり、あるいは元来太陽神だった像を皇帝像に転用したと伝えられたりしている。このことは、コンスタンティヌスが「改宗」以前に太陽神崇拝に傾倒していたとされ、実際に貨幣上で太陽神を表していることと考え合わせると意味深長である。そして、もう一つ注意したいのが、この時代のキリストの図像表現である。バチカンの地下から発掘された有名な四世紀のモザイクからも知られるように、当時のキリストはしばしば太陽神的な図像で表現され、放射状の光を象徴する特徴的な装飾を頭に備えていた（写真）。これらのことを勘案すると、コンスタンティノープルのコンスタンティヌス像は何を表現していたのだろうか。また、コンスタンティヌスがキリスト教を信仰していたとして、そのキリスト教とはどのようなものだったのだろうか。さらに、五世紀の史料からは、コンスタンティノープルの人々がこのコンスタンティヌス像を拝む行為をしていたことが伝えられているが、この人たちは何を拝んでいたのであろうか。のちの五世紀のローマ司教（本書では、papaという称号が「ローマ教皇」に限定して使われる時代ではないので、基本的に「ローマ司教」と表記する）が太陽に向かって拝むキリスト教徒たちを叱責していたことも合わせて留意したい。

ともあれ、コンスタンティヌスの霊廟の構造はコンスタンティウス二世の治世には問題になったらしい。三五〇年代後半には彼の霊廟は改築され、使徒のモニュメントと皇帝の棺との位置関係は調整された。また、コンスタンティヌス帝についても、後代には「使徒に等しい者」という称号が与えられ、聖使徒教会に安置された皇帝の立場が誤解されないよう調整がなされていった。

コンスタンティウス二世自身も洗礼は死の直前まで引き延ばしたが、彼は子供の頃からキリスト教徒たちに囲まれて教育を受けてきた人物であり、コンスタンティヌスの庇護のもとで教会が発達するのを目の当たりにもしていた。彼が霊廟のレイアウト改変を許可したのも、キリスト教への造詣が深かったからかもしれない。彼は教義論争で紛糾するキリスト教会の統一に心を砕き、帝国全体の覇権を確立して以降は大きな力を割いてこの問題を解決しようとした。具体的には帝国各地で何度も教会会議を開催し、できるかぎり多数の聖職者が合意できる信条を書き上げようと努力したのである。各地の司教たちへの連絡、司教たちの交通面での手当、会議開催の手はずなど人的・経済的に費やされたものは相当量にのぼった。この教会統一模索の総決算として、信条の最終的な批准の場となったのがコンスタンティノープルであった。コンスタンティウス二世は帝国各地を巡行し、コンスタンティノープルに立ち寄ることはほとんどなかったが、元老院の整備も一区切りを迎えようとする治世末年に、キリスト教会の統一を画する出来事を、コンスタンティヌスの名を冠した町で行ったことは指摘しておくべきであろう。コンスタンティヌス家による新しい帝国支配を具現化する、エリート層を糾合する都が生じようとしていたのである。なお、コンスタンティウス二世がローマ市を訪問した三五七年に、コンスタンティノープルに使徒アンデレ、福音書記者ルカの聖遺物が搬送されたという記事が伝えられている。キリスト教の威光もまた都に集められようとしていたのである。

## 「背教者」ユリアヌスの支配理念

さて、コンスタンティウス二世の進めてきたことをすべてひっくり返したのが、副帝としてガリア方面の軍隊を任されていたユリアヌスであった。三六〇年に麾下の軍隊から正帝称号を与えられたユリアヌスは自らの地位をめぐってコンスタンティウス二世と使者を通じて協議を進めるが、主張は認められない。その後、彼は対コンスタンティウス二世の軍を東へ進め、各地の都市にも反旗を翻すよう促した。東西の皇帝の内戦が再び繰り広げられそうになる中、コンスタンティウス二世は病に倒れ、帝国の舵取りをユリアヌスに委ねてその息を引き取った。

思いもかけぬ形で帝国全体の覇権を得たユリアヌスは、コンスタンティノープルに入城し、元老院と市民団からの歓呼を受ける。時期的な偶然はあるが、この都は彼が単独統治を始める中で最初に踏み込んだ帝国東部の大都市である。それもあって、伝統的な多神教を自らが贔屓にしていることを明らかにし、独自の政策を明確にするなど、新政権のお披露目をこの町で行うようになる。ユリアヌスの政策がコンスタンティヌス以来の政策と一線を画するものであることは、既に貨幣上の肖像が雄弁に語っている（写真）。ヤギ髭を蓄えた哲学者としての風貌を装うユリアヌスは、五賢帝時代の哲学者皇帝マルクス・アウレリウスを模範とし、市民たちと親しく交わる飾り気のない皇帝を目指した。コンスタンティウス二世のもとで肥大化した、身の回りの使用人たちは一斉に解雇した。「佞臣《ねいしん》」として目立った宦官や側仕えの官職者たちをコンスタンティノープルの対岸にあるカルケドン市にもうけた特別法廷に引き出し、粛清した。キリスト教会に対する手厚い支援策はすべて撤回し、コンスタンティウス二世時代に教義上の諍いで追放措置に遭っていた者たちは特赦して元の町に帰らせた。さらに、彼は都市参事会の復興に熱意を傾け、宮廷役人などの帝国官職やキリスト教会の聖職を獲得して都市参事会員負担を逃れている人々を都市に戻し、欠員の出ていた都市参事会を旧状に復そうとした。

ユリアヌスの肖像を刻印した貨幣。コンスタンティヌスとは明らかに違う顔が採用されている点に注意

　では、彼はコンスタンティノープルとその元老院にはどのように接したのであろうか。彼は

孜々《しし》として元老院での議事に参加した。もっとも、その議題が何であったかは詳らかではない。いずれにせよ、新帝は、人々と気さくに触れ合う市民的な皇帝を目指していた。そのため、彼はその年のコンスルが自分に挨拶に来れば、自ら席を立って祝福の言葉を送り、式典に際しても立ち姿で参列するなど、伝統的な政務官職を尊重する姿勢を見せた。元老院での討議も、伝統的な国家像を尊重してのものという性格が強かったであろう。その一方で、自分が崇敬する哲学者の来訪を知ると、元老院での議事をそっちのけにして哲学者を迎えに出て行き抱擁を交わすなど、些か軽率と思える行動も見せた。このような皇帝の立居振舞は同時代人たちの間でも賛否が分かれ、ユリアヌス支持者たちも彼の「軽さ」は非難した。コンスタンティウス二世のような荘厳な皇帝か、ユリアヌスのような親しみある市民的な皇帝か。時代が求める皇帝像は前者に傾こうとするときであった。

ともあれ、伝統を重視し、自らの施策を伝統への回帰と示したかったユリアヌスにとって、コンスタンティノープルにある元老院という組織は、その本質が伝統的なローマ元老院とは変わっていたとはいえ、自らの政治的メッセージを伝える上で有用であっただろう。そして、それは裏を返せば、組織として厚みのある元老院がこの時期には出来上がっていたことの傍証でもある。同時代人も元老院を尊重するユリアヌスの姿勢を評価する賛辞を残しているし、六世紀初頭の歴史家がユリアヌスこそコンスタンティノープル元老院の創設者であると考えたのも、このような言説の影響があろう。また、コンスタンティノープルには彼の名前を冠した港があったことが知られているので、インフラの整備についてもこの時期に力を注いだと考えられる。

ユリアヌスは同僚皇帝を置くことはせず、また跡継ぎもいなかった。そして、単独統治を始めてから二年目にはササン朝ペルシアへの遠征を行う。得意の強行軍で相手方の本拠を突こうとし、メソポタミアの大都市クテシフォンまで攻め込むものの、敵軍に囲まれ、一転窮地に陥る。帝自身、軍の戦列を立て直そうと駆け回る中で深手を負い、まもなく陣中で没した。ローマ軍の大半を敵国内深くに孤立させた中での非業の戦死であった。

危機的状況に陥ったローマ軍はヨウィアヌスという人物を後継皇帝に選出する。軍の潰滅を防ぐため、ヨウィアヌスはペルシア王と和平を結び、撤退を許してもらう代わりに、ディオクレティアヌス治世中に獲得したメソポタミアの一部地域をササン朝に譲り渡すことになる。敵地からの退避を行うヨウィアヌスが一路目指したのはコンスタンティノープルであった。しかし、その道中、帝は不慮の事故で死亡してしまう。またも皇帝不在の危機に陥った軍首脳は、ウァレンティニアヌスという軍人を皇帝に選抜する。この皇帝は帝国統治を一人で担うことを拒絶し、自らの弟を同僚帝に据える。コンスタンティノープル郊外七マイルのところにあるヘブドモン（「第七（里程）」の意）という駐屯地で、弟のウァレンスが共同統治帝に推戴された。歴史上、多くの東ローマ皇帝がヘブドモンで帝位を受けることになるが、三六四年のウァレンスの事例はその最初のものである。政治的中心としてのコンスタンティノープルは徐々に生まれつつあった。

## 第三章
# 移動する軍人皇帝の終焉

### 首都になったのはいつか

イスタンブールの観光名所ブルーモスクの側には細長い広場がある。この特異な形状は、コンスタンティノープルの戦車競走場時代の形を残しているからである。たとえ、そこが競走場の跡だとは知らなくても、広場の中に屹立する巨大なオベリスク（方尖塔）を見れば、そこはかとなく古代への思いが込み上げてくるであろう。このオベリスクは、四世紀末にローマ皇帝テオドシウス一世がエジプトから運ばせ、戦車競走場の中央に立てさせたものである。世界史の教科書では、テオドシウス帝はキリスト教を「国教化」したローマ皇帝として紹介される人物である。そ

イスタンブールの戦車競走場跡にあるオベリスク。右はその基壇部。上段中央の最も大きい人物がテオドシウス1世

の一方で、この皇帝はコンスタンティノープルの歴史にとっても重要な局面を代表する人物と理解されている（写真）。

コンスタンティヌス帝によってローマからコンスタンティノープルに「遷都」がなされたという記述は概説書でしばしば目にするところである。「遷都」が何を意味するかはともかくとして、コンスタンティヌスの名前を冠した都ができたことは確かである。しかし、研究者は往々にして、この文章にさらなる注意書きをつける。なるほど、コンスタンティヌス帝は都を建てたけれども、その当時のコンスタンティノープルは首都と言えるようなものではない寒々しいものであった。その後の皇帝たちもそこに居を構えることはなく、むしろシリアのアンティオキアなどを本拠地とすることが多かった。実質的な首都となるのは、コンスタンティノープルに宮廷を据えるようになるテオドシウス一世からのことであり、以後皇帝たちはこの都に定着するようになる、と。

この記述は史実から確実に裏付けられる。すなわち、法律に残された皇帝所在地の記録が証言しているところでは、テオドシウス帝はそれまでの皇帝たちとは異なり、コンスタンティノープルに滞在することがほとんどであった。そして、この都市を離れたのは帝国西部の「僭称帝」に対する遠征を敢行するときぐらいに限られていたのである。しかし、先の注意書きは説明をしているようでいて、様々な問題を未解決のまま残している。例えば、なぜそれまでの皇帝たちはコンスタンティノープルに滞在しなかったにもかかわらず、テオドシウス帝はそうすることを選んだのか。また、なぜテオドシウス帝の取った統治スタイルはその後変更されることがなかったのか。皇帝こそが国家の中心であるという発想が前提となるあまり、この皇帝の統治スタイルの変化、そして、その変化にあたってコンスタンティノープルという町が及ぼした影響はあまり考察されないままとなる嫌いがある。本章では、テオドシウス帝の頃までのコンスタンティノープルを見ていくことで、帝国統治にあたっての儀礼行為の重要性と、「儀礼の場」としてのコンスタンティノープルの発展を考えていきたい。ただし、その問題を考える前に、前章の最後に触れた、コンスタンティノープルで即位したウァレンス帝の統治から、テオドシウスに至るまでの政治史を簡単に見ていくこととしよう。

## 「コンスタンティヌスの町」――プロコピウスの反乱

ユリアヌス帝がペルシア遠征の最中に戦死してから、ウァレンティニアヌス一世が皇帝になるまでは、軍隊の首脳部の間で後継帝の選抜が進められ、その結果を兵士たちや元老院が追認するという手続きが取られた。皇帝選抜がデリケートな手続きであったことは、ヨウィアヌスの選抜の際に、ライバル候補が暗殺されていることなどからもうかがえる。ユリアヌスが子供を残さなかったこともあり、他を圧倒する有力な皇帝候補は不在だった。皇帝とされたウァレンティニアヌスに至っては、パンノニア（現在のセルビアやハンガリーにあたる地域）の出身で、親の代からの軍人家系であり、その選出にあたっては、ユリアヌス帝のもとで声望の高かった道長官の支持が大きかったと言われている。そのウァレンティニアヌスは、今後再び帝位をめぐる混乱が生じるのを避けるために、親族から同僚帝を選んだ。それが先述の弟ウァレンスである（系図）。そして、二人は帝国の東西を分担統治することに決め、兄は西部を、弟は東部を担うこととなった。

しかし、東部を担当したウァレンスがペルシア戦線の立て直しのために小アジアを横断していたところに、皇帝に対する反乱が起きる。反乱の首謀者はプロコピウスという人物で、先帝ユリアヌスの親族であった。プロコピウスはユリアヌスから目をかけられていて、ペルシア遠征でもティグリス川方面の指揮という重要な任に充てられていた。しかし、後継皇帝として選ばれなか

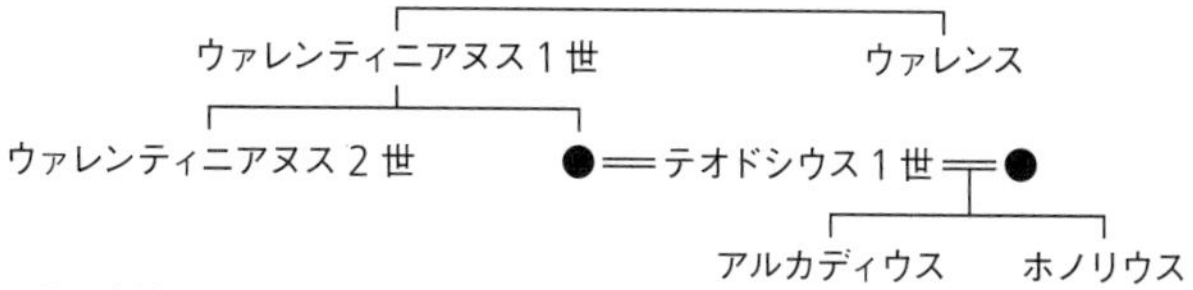

※●は女性

ったプロコピウスは、暗殺の危険を逃れるべく、しばらくの間、身を潜めていた。彼は、ドナウ川方面に派遣された軍隊がコンスタンティノープルを通過するところに目をつけ、賜金を配ったり報奨を約束したりして、軍隊を味方につける。そして、コンスタンティノープルの市民たちと元老院からの支持を得て、皇帝として名乗りを上げた。ウァレンス政府がその財務・司法面の施策で世評を落としていたこともあり、プロコピウスは、一時は都近辺に配備された軍隊を糾合し、周辺地域を軍事的に制圧するなど目覚ましい展開を見せることになる。

この反乱の一つの特徴はコンスタンティノープルをその本拠地にしたところである。前述のように、プロコピウスは軍隊のみならず、都の市民団と元老院の支持を得ており、コンスタンティヌスの町を自らの旗印に掲げる姿勢を当初から鮮明に見せている。コンスタンティヌスの血筋の強調はコンスタンティノープルでの旗揚げに認められるだけではない。プロコピウスは先帝コンスタンティウス二世の妃と娘も確保して、二人を公の場に引き出し、自政権への支持を呼び掛けたのである。コンスタンティヌスとのつながりを彼が強調するのは、政治状況的には自然である。なぜなら、ユリアヌスと親戚関係があるということは、コンスタンティヌスの遠縁にあたるわけであり、伝統ある皇帝一族とのつながりを喧伝することが可能だったからである。これに対し、新帝ウァレンスには誇れるような血筋がなかった。目の前の政権に不満を持ち、かつてのコンスタンティヌス一族の統治を懐かしく思う者たちには、プロコピウスの呼びかけは魅力的なものに映ったであろう。

しかし、プロコピウスは当初は成功を収めたものの、コンスタンティヌス帝以来の古株の軍人が彼への支持を拒絶し、ウァレンスへの支持を強く訴えたことが致命的となった。プロコピウス配下の軍はまもなく寝返り、引き渡されたプロコピウスは処刑され、反乱の加担者は処罰された。コンスタンティノープルに居を構えていた有力者たちがどれだけプロコピウスを支持したのかは不明である。同時代の歴史家は、有力者たちが都から逃げ出して、反乱に加担するのを避けたことを伝えているが、戦後のテミスティオスの弁論からは、コンスタンティノープルが反乱と密接に結びついていたことが示唆される。一章でも見たように、都はコンスタンティヌスという個人との強い結びつきによって発展した町であった。プロコピウスの反乱は、結果的にウァレンスによって鎮圧されたために「反乱」と見なされ、コンスタンティノープルの負の歴史となってしまったが、この町の政治的重要性が高まりつつあったことを示す事件である。その一方で、コンスタンティヌス一族が途絶えたことで、支配者との新しい結びつきを模索する必要が生じていたのも確かである。

## 皇帝不在のコンスタンティノープル

反乱を鎮定したウァレンス帝は、プロコピウスを助けようとしたゴート人を誅するためにドナウ戦線に赴き、その後はアルメニア地方をめぐるペルシアとの駆け引きのため、東方戦線に赴いた。この十年強の間で彼がコンスタンティノープルに居を構えたのはせいぜい数カ月程度にすぎなかった。ウァレンスがコンスタンティノープルを訪れることが少なかったという事実はどのように評価できるであろうか。現代の研究者は、都がプロコピウスの反乱に加担したために皇帝が敬遠したのだと考えることが多い。そして、実際、町と皇帝の険悪な関係を伝える逸話も史料には残されている。

ウァレンスは三七八年の夏にコンスタンティノープルを久しぶりに訪れている。それは、反乱を起こしたゴート人たちを迎え撃つためにシリアからバルカン半島に転戦した際のことであった。このゴート人たちはフン人の圧迫を受けたため、皇帝の許可を得てドナウ川を渡って帝国内に移住してきたものの、当局の非人道的な対応に不満を持ち、反乱を起こしたのである。ウァレンス帝はまもなくこのゴート人たちとハドリアノポリスで相対するが、歴史的な大敗北を喫し、皇帝自らも戦死してしまうことになる。この致命的な戦いの前に訪れたコンスタンティノープルで、帝は首都住民たちとゴート人移民の問題をめぐって軋轢を抱えていた。憤怒した帝は、戦闘の後に戻ってきたらコンスタンティノープルを破壊する、と宣言したという。皇帝自身の死のおかげ

イスタンブール市内に今も残るウァレンス帝の水道橋。車通りの多いアタテュルク大通りと交差する

でこの約束が果たされることはなかったわけだが、皇帝と都の政治的な不和を示す逸話ではある。

しかし、そのことと皇帝の来訪が少なかったことは別問題かもしれない。我々は、コンスタンティノープルの拡大に一役買ったコンスタンティウス二世もほとんどこの町を訪れることがなかったことを知っている。コンスタンティウス二世もペルシア戦線とドナウ戦線に目を配ったが、前者であればシリアのアンティオキアを本拠地とし、後者ではシルミウムをはじめ、戦略上の要衝地に居を構えることが多かった。そこから見ると、ウァレンスとコンスタンティノープルとの関係についても、そもそも町の戦略的位置が軍人皇帝の滞在を必要としていなかった可能性もある。

より考慮すべき問題は首都の抱える土地の手狭さである。コンスタンティノープルは三方を海に囲まれた要害の土地ではあるが、見方を変えれば岬の突端のような地勢をしている。このため、水の確保はとりわけ困難であった。ウァレンス帝期のコンスタンティノープルにおける有名な建築物として、現在でもイスタンブール市内に威容を残す水道橋があるが、その背景には首都が直面する水不足の問題があり、貯水槽の確保や水道の設置は、増大する人口を支える上で不可欠であった（写真）。

近年の考古学調査を含めたコンスタンティノープルの水道事情については南雲（二〇一八）に詳細な記述があるので、詳しくはそちらを参照されたい。ともあれ、これらのインフラ整備に見られるように、都の人口はヴァレンスの治世にあっても依然として上昇基調にあったと考えられる。おそらくは元老院議員の地位を得た新興エリート層が定着し、着実な町の成長が進んでいたのである。同時代史料からはコンスタンティノープルに常駐する軍隊が基本的に確認されないことからも、民間人の人口増に直面し、住民の生活維持に苦労する都の姿が浮かび上がる。そのため、移動宮廷に付随する大規模人員をコンスタンティノープルに駐屯させることは想像以上の負荷を首都にもたらしただろう。この点をさらに考えるために、当時の移動宮廷について説明をしておこう。

## 移動する都市――寄生的な宮廷社会

軍事上必要な戦線に皇帝が移動するということを具体的にイメージするとどのようになるであろうか。また、移動する宮廷とはどのようなものなのだろうか。

人員の面から考えてみよう。まず、皇帝の身辺には護衛兵がつく。少し後代の史料に基づくと、一人の皇帝の護衛は三千名規模であった。加えて、皇帝に付き従う機動軍がいた。どれだけの数の軍団が皇帝に随行するかはその時々の情勢によって変わったであろうが、数千規模の兵力は常に帯同され、多いときは一万から二万ぐらいに上ることもあっただろう。

そして、皇帝に付き従ったのは軍隊だけではなかった。皇帝は軍事以外にも裁判や財務、人事、外交など様々な仕事にあたった。当然これらのことをすべて単独でこなせるわけはない。それぞれの仕事を支える無数の官僚団が存在して、皇帝を支えていたのである。裁判だけを見ても、訴状の受理、法律解釈、法文の起草、文書の発給、文書の保存などに携わる数々の部門を擁し、多数の人員が詰めていた。裁判と同様に大きな役割を占めていた財務部門も同規模かそれ以上の人員を抱えていただろう。さらに、皇帝が外交団や臣下と会見する舞台を用意する世話役や触れ役、各地への伝令など行政を下支えする人員は他にも多数必要であった。皇帝に随行する官僚団の人数は数千人規模にはなっていただろう。

加えて、皇帝の身の回りを世話する家政部門の役人たちも相当数に上った。これは、皇帝の衣服番や馬番、床屋、寝室の整備などに関わる人員である。他にも、下賜金を配る必要があるときは膨大な数の貨幣を用意する必要があったし、他にも記録書類、武具、身の回り品、贈答品など様々な物資を輸送する必要があった。このことは、それらを運ぶための駄獣とそれを監督する人員や、物品を警護するための見張りも必要であったことを意味する。皇帝が、技術を凝らした工芸品やきらびやかな衣類の縫製、貨幣打刻、武器製造などのために、それらの作成にあたる職人団を雇っていたことも想起しなければならない。それらの職人全員が随行する必要はないまでも、ある程度の人員が必要な工具と共に皇帝に付き従ったはずである。

さらに、宮廷で働く人員に加えて、宮廷外の人々も随行したことを忘れてはならない。随行する官僚団や兵士たちは支給される最低限の生活物資以外にも様々な消費財が必要で、行く先々で調達せねばならなかった。これらを商品として提供したのが、軍隊に随行する酒保《しゅほ》商人たちである。ほかにも、各地から皇帝に対して送られた使節団が訪問してくることがあったし、皇帝の指示・裁定を求めて、各地の行政官から使者が送られてくることも頻繁であった。宮廷周辺での職を求めてくる人や、施しを求める人、宮廷仕えの知識人を訪ねてくる他の知識人なども数に入ってくる。そして、古代の自由人たちは基本的に身の回りの世話を奴隷などの従者に任せたから、例えば、使節が三人だったとしても、それに伴う随員の数はその数倍に上ったと想像される。なぜなら、貧窮した下級教師の経済状況として二、三人の奴隷しか所有していないことを例示したり、慎ましい将軍の暮らしぶりとして十一名の奴隷所有を挙げたりするのが四世紀の社会経済事情だからである（リバニオス『第三十一弁論』十一節、『第四十七弁論』二十八節）。したがって、普通のエリートたちは旅行中でもかなりの数の奴隷を抱え、身の回りの世話をさせていたはずなのである。

これらの人間を総計すると、宮廷に付随して移動してくる人口は少なくとも一万人以上にはなったであろう。そして、この人数は古代社会においては極めて大きな数字であった。例えば、後一世紀のウェスウィウス山の噴火で埋没したとされるポンペイの人口は一万人ほどと推定されている。また、一般的に大都市といわれているアンティオキアやアレクサンドリアといった町でも三十万人ぐらいと推測されており、中小の普通の都市であれば、せいぜい数万人というところであった。多くの人間が集住する東アジアや南アジアの都市に比べると、地中海圏の都市は極めて小規模であることが一つの特徴である。したがって、移動する宮廷とはまさに一つの都市が移動しているようなものであった。そして、その宮廷の随行者たちはいずれも食糧、水などの生活物資を必要としていた。それゆえ、宮廷のやってくる町は、もう一つ分の町に匹敵する人口を迎えることで経済的チャンスも得ただろうが、同時に大きな物理的・経済的負荷もかかったことが予想される。

移動宮廷を迎える上で大規模な準備が必要とされ、入念な手配がなされていたことは、ディオクレティアヌス帝期のパピルスから知ることができる。それによると、大麦、パン、野菜、ワイン、肉、レンズマメ、まぐさといった生活必需品を兵士たちに提供するために、各行政区に担当者を置いて物資を手配していた。それ以外にもパン職人の配備、ナイル川を介した移動・輸送に用いる船の修繕・手配など様々な目配りがなされることになった。このような受け入れ態勢は帝国内のどこでも、いつでも用意できるようなものではなかったであろう。

実際、宮廷受け入れの困難さを示唆する逸話も伝わっている。ユリアヌス帝はペルシア遠征の直前にシリアのアンティオキアを来訪したが、キリスト教徒が多く、コンスタンティウス二世への敬慕の念が強い都市住民と摩擦を起こすことになった。怒りを爆発させたユリアヌス帝は、ペルシア遠征後の冬営地には、慣例のアンティオキアではなく、小アジア南東部のタルソス市にすると宣言した。アンティオキアはユリアヌスと懇意の人物を通じて、皇帝との和解を目論むが、その際に冬営地に関する言及もなされている。そこでは、タルソス（この町自体も州の中心地で大都市である）のような冬営の経験の乏しい土地では、皇帝の大軍団を支えることはできないとされ、アンティオキアを巨大商船に、タルソスを荷の重さに沈没しそうになる小舟に喩えている。若干のレトリックが込められていることを踏まえても、宮廷を受け入れるのが困難な事業であったことが前提とされている点には注目すべきであろう。

このように、皇帝の滞在がもたらす現地への負担が、コンスタンティノープルでの冬営をウァレンスが嫌った理由として考えられるのである。そして、それだけに、ウァレンスの跡を継いだテオドシウスがコンスタンティノープルに居を定めるようになり、それを後の皇帝たちが引き継いだ点が目を引く。この理由はどこに見るべきであろうか。本章では特に皇帝の果たすべき儀礼の点から、皇帝の定着を考えていきたい。

### 帝国という織物——儀礼で成り立つ社会

皇帝が様々な役割を果たしていたことは既述の通りであるが、それらの中で忘れてならないのは、儀礼行為の重要性である。儀礼は、様々な集団や個人と皇帝が結んだ関係性を、当事者のみ

臣下（左下）に官職を授与するテオドシウス１世

ならず儀礼を目撃する第三者にも明白に示し、両者の関係の良好さと支配理念を伝える上で枢要な役割を果たした。皇帝と関係を結ぶ主体は、皇帝に官職を与えられた役人、帝国の支配を認める都市、移動宮廷を迎え入れる都市、外交関係を結ぶ部族集団など多岐にわたる。また、関係を結ぶ対象は人間のみならず、神にも及んだ。皇帝が適切な儀礼をもって、支配を支える神（あるいは神々）に感謝の念を示すとともに、その加護を願うことで、皇帝の武運と帝国の安寧は保たれるという考え方である。

皇帝にまつわる儀礼は多々伝えられ、それは極めて日常的なものであった。例えば、官職を授与するにあたっては、皇帝の手から親任状を渡される儀式が執り行われた。臣下は素手で親任状を受け取るわけにはいかず、手を布で覆って、恭《うやうや》しく書状を拝受した。皇帝の前で跪くのはもちろんであり、もし皇帝の服の裾に口づけの挨拶ができることがあれば、それは特権と考えられた。(写真) このような儀礼を通じて、皇帝の神聖さと卓越性は周囲の人々に印象付けられるとともに、官職を付与された人物の、皇帝との個人的な紐帯が確かめられることになる。

皇帝と都市との関係も同じような儀礼関係で維持されていた。皇帝の誕生日や即位日は記念日となり、定期的に都市は祝いの品を皇帝に贈って、皇帝との友好関係を更新した。現代的にはこの贈答は税のようなものとして見えるが、贈答儀礼の持った象徴的意義も見逃すべきではない。記念日には一斉に各地の都市からの使節が贈答品を持参し、祝辞を述べた。その様子を眺める者は、帝国の支配域の広大さ、統《す》べられる人々の多さを嫌でも感じたに違いない。贈答の儀に遅れたり、然るべき分の贈答品を送れなかったりすることは、その都市と皇帝の関係性の悪化を示したり、あるいは都市の経済的苦境を示したりする効果もあった。

皇帝と都市の関係が常に儀礼を通じて確認されるものであったことは、移動宮廷が都市を来訪するときに行われる入市式にとりわけ顕著である。市民たちは身分の卑賤を問わず、市外に並んで、皇帝たちの来訪を待ち受け、演説で出迎え、花びらを撒き、数々の装飾で華やかにされた町へと迎え入れた。皇帝の側も荘厳なパレードで、この出迎えに応え、市内に入った際には町に敬意を払う儀礼を執り行った。その雰囲気は、前章に引用したコンスタンティウス二世のローマ市来訪の描写からも垣間見ることができるであろう。

このような儀礼行為は古代オリエントやヘレニズム時代に由来し、ローマ帝政前期にも引き継がれていたものが、帝政後期になってさらに発展させられたものである。とりわけ都市の主要神格に捧げる儀礼は重要であった。ローマ皇帝は訪問した都市で祀られている神格を崇めることで都市との友好関係を示したのである。帝政前期に東地中海世界の都市が打刻した貨幣には、その都市の主要神格と皇帝が握手する図像を描いたものがときに見受けられるが、これは皇帝と都市との友好関係を示したものである。神に対する実際の拝礼行為も伴っていたことは三世紀の皇帝の入市の様子を描写した貨幣などから知ることができる。

　現代に生きる我々がローマ帝国と呼んでいるものは、このような儀礼行為を通じて、皇帝と結ばれた各都市の連合体のようなものであり、国境を持つ現代的な国家とは性格が異なっていた。確かに、皇帝は州総督をはじめとする地方行政官を任命・派遣して、各地を統治したので、一見すると直接統治を行っていたように見える。しかし、派遣された人物たちが問題なく統治にあたれたのも、諸都市・諸共同体と皇帝との友好関係という裏付けがあり、地元民の地方行政への協力があってのことであった。諸都市の側でも皇帝との友好関係を築くことで、治安の安定や経済的利得など様々な恩典を期待することができた。反対に、先述のアンティオキアとユリアヌスのように、皇帝との関係が悪化した場合には、ライバルとなる都市の方が皇帝の贔屓とされ、そちらに恩典が流れていくようになることにもつながったから、常に良好な関係を維持することが望ましかった。このような常々更新される互恵関係の網の目によって帝国という織物が出来上がっていたのである。

　また、皇帝と都市との関係は国家間の条約のようなものではなく、人間同士のつきあいのようなものであった。皇帝が変わるたびに改めて関係の構築が必要とされ、皇帝個人の性格や統治スタイル、戦線の移動などによって、皇帝と都市との関係性は微妙な変化を辿ることもあった。皇帝が信奉する宗教も皇帝と諸都市の関係性を一変させる重要な要素になりえたのは、このような背景による。そして、この流動的な関係性の構築において、主導権を持ったのは必ずしも皇帝ばかりではない。都市側もまた皇帝に対し圧力をかけることが可能であった。それは特に宗教儀礼において顕著に見られるようになっていく。これは移動宮廷の持つ弱点でもあった。

## 屈服する皇帝

ミラノのアンブロシウスは、皇帝を屈服させた司教として名高い。そのイメージは中世の教皇権と皇帝権の争い、あるいは宗教と世俗の対立などに読み替えられながら、後代に引き継がれていくことになる。エドワード・ギボン『ローマ帝国衰亡史』は、この司教について次のような言葉を残している。

モンテスキューは述べている。「信仰上の望みと恐れだけで動いている君主というのは、飼育者の声にだけは従順となり、またその手でだけは自由に操られる獅子に比されよう」と。したがって、百獣の王たる獅子の行動は、一にかかって彼に対する危険な操縦術を心得た人間の意向と関心次第というわけ。同じく君主の良心を手中に握った聖職者ならば、彼の残忍な心情を煽ることも、また宥めることも自在という道理。寛容の大義も迫害のそれも、ともに同じアンブロシウスによって等しく強力に、また等しき成功をもって、主張されたのだった。（中野・朱牟田訳を一部改変。文庫版第四巻363頁）

このようなアンブロシウスのイメージ形成に寄与したのは、彼の残した数々の著作と、彼の生涯を伝える伝記や教会史である。彼はウァレンティニアヌス二世帝（ウァレンティニアヌス一世の子）が祭典のために利用しようとした教会堂を信徒たちを通じて占拠し、座り込みによって、祭典の挙行を妨害した逸話が知られている。また、とりわけ有名なのはテオドシウス帝との対峙である。テオドシウス帝が下した命令が起因となって、テッサロニカ市の住民が軍隊によって虐殺されるという痛ましい事件が発生した。この事件を重く見たアンブロシウスは、教会で執り行われるミサに皇帝が参列することを拒絶し、罪の悔い改めを要求したという。断固たる司教の態度を前に、皇帝の方が屈し、彼は悔い改めの期間をおいてから、ミサに参加するようになったという。皇帝を前にして果敢な姿勢を見せるアンブロシウスの姿は、後代の人々に鮮烈な印象を残すことになる。

しかし、これらの事例は同時代人にとってはどのような意味をもっていたのであろうか。実は、注目すべきことに、皇帝が都市住民側からの抵抗を受けて、宗教儀礼を思うように実施できなかったという事例は四世紀においてしばしば確認できる。例えば、先述のユリアヌス帝はアンティオキア市を訪れると、様々な伝統宗教の再興を図り、供儀儀礼を実行した。しかし、供儀儀礼が長らく忘れられていたために、思うように供儀が執行されなかったことも伝えられている。また、儀礼を行う場である神殿や社などの聖域も時代の経過とともに改変が加えられ、思うように伝統的祭儀を執行できなくなる状況が生まれていた。神域をもとの形に戻すため、ユリアヌスは神域の近くに葬られていた三世紀のアンティオキア司教の遺体を搬送させることにするが、アンティオキアのキリスト教徒たちはこの搬送を機会に、キリスト教を高らかに喧伝するパフォーマンスを行い、皇帝への暗黙の当てこすりをした。もちろん、ユリアヌスの儀礼に参加するアンティオキア市民たちもいたが、儀礼をめぐるこのような小さな摩擦は皇帝と都市の関係を悪化させる一因になった。

教会堂の使用を皇帝に対して拒否する事例は、ウァレンス帝の治世下の帝国東部に多数伝えられている。それらの事例では、「アリウス派」を信奉するウァレンス帝に反発する「正統信仰」のキリスト教徒たちが教会への道を封鎖したり、聖職者団が教会から退去したりしたことが伝えられている。後代の史料による証言が多いため、対立の要因が宗教信条にあったかどうかまでは決められない。なぜなら、後代になるとウァレンスは異端を信じた皇帝という烙印を押され、悪帝のイメージがついてしまったからである。しかし諸々の史料の情報を総合するかぎり、住民の一部や聖職者団などがデモンストレーションを行い、儀礼を滞らせたということは十分ありえた。

## 移動宮廷の弱み——首都の必要性

この対立の要因が宗教信条でないならば何だったのか、という問いに対して決定的な答えを出すのは難しい。それでも、都市の中でも宗教信条などを軸にして有力者層とその保護を受ける人々の間で派閥争いがあったこと、都市ごとで指導的な有力者層の宗教派閥が異なり、それらの都市がしばしば互いにライバル関係であったことなども考慮に入れる必要はあろう。たとえば、先のアンブロシウスの場合、教会堂の使用を拒絶したウァレンティニアヌス二世の周囲では「アリウス派」に傾倒するゴート人部隊が大きな存在を占めていたほか、「アリウス派」の聖職者たちも政治的発言権を増していて、アンブロシウスと対抗する派閥を形成していた。教会堂の使用をめぐるアンブロシウスの座り込みが行われたのは、後者のホームタウンであるミラノでの出来事であり、宮廷の官僚団の支持はなく、地元の信徒団を動員してのものであった。この点で、アンブロシウスの方が、自らが動員できる信徒団を用いて、皇帝側と政治的交渉を行おうとしたと考えられるのである。結果的に皇帝は別の町に移って、利用できる教会堂を確保し、祭儀を執行することになった。この出来事は、アンブロシウスの視点からは、大義を貫いて皇帝に抗ったというように描けるが、皇帝の側から見れば、結局譲歩をすることなく、大過なく祭儀を行ったとも取れる。大局から見れば、皇帝およびその取り巻きとミラノの有力者層の不安定な関係が露呈したのである。テオドシウスとアンブロシウスについても、東西での儀礼作法の違いが政治的摩擦をもたらしていた可能性が指摘されている。そして、前述の有名な悔悛のエピソードは、むしろ皇帝の方が寛容で慈悲深い姿を示すパフォーマンスを取ることで、住民虐殺という政治的失点を挽回する効果があったのではないかと指摘されている。

ともあれ、移動宮廷は遠隔地を訪問した際にその脆弱さを露呈しがちであった。なぜなら、地方ごとで慣習や人間関係は大きく異なったため、遠隔地の情報に疎い移動宮廷は現地の主導権に晒されやすいからである。それだけに、事前に現地の有力者と宮廷の行政官たちが交渉にあたり、円滑に祭儀を執行できるよう入念な準備を行っていた。それでも、様々な主義主張の対立が乗り越えられないことはあった。テオドシウス帝は即位から一年が経過するとコンスタンティノープルを初めて訪問するが、そこではいわゆる「アリウス派」が大きな勢力を誇っていた。「アリウス派」に対抗するニカイア派を支持する旗色を早々に出していたテオドシウス宮廷は、それでもコンスタンティノープルの「アリウス派」と妥協するための会談をまず行った形跡がある。しかし、結局、「アリウス派」は皇帝への協力を拒み、市外退去という形で拒絶の強い意志を示すことになる。テオドシウスはやむなく、市内の少数派であったニカイア派から司教を抜擢し、皇帝の臨席する祭儀に臨むことになるが、それは、兵士たちの厳重な護衛をつけての物々しい祭式となった。皇帝入市後の儀礼を滞りなく行えるようにするためには、武力をも交えたきめ細かい配慮が必要であったことの一例といえる。コンスタンティノープルから皇帝が動かなくなることの決定的な理由は、皇帝がホームグラウンドとなる都市を得ることで、このような儀式催行の主導権を確保することにあったのではないだろうか。皇帝の権威を下支えしていたのが数々の儀礼行為であった社会背景を見れば、儀礼の主導権を失う移動宮廷の不安定さは、その移動に伴う経済的負担とともに、克服すべき問題であった。

## テオドシウスという皇帝

このように見てくると、皇帝がコンスタンティノープルに定住するようになった背景には、不安定な移動宮廷の放棄という側面があったと指摘できる。それでは、この移行がテオドシウスの治世になされたという事実はどのように説明できるであろうか。それには、テオドシウスという皇帝の置かれた特殊な政治事情が関係していたと考えられる。

ヴァレンティニアヌス一世とヴァレンスの兄弟帝の統治は典型的な軍人皇帝による分担統治であった。「軍人皇帝」という言葉は三世紀の動乱期「軍人皇帝時代」を示すために用いられることから、軍人皇帝の存在は一時期の特殊な現象と思われるかもしれない。しかし、ディオクレティアヌス以降の皇帝たちも帝国辺境で軍事作戦を指揮し、必要に応じて戦線を移動していた点では同じであり、それは四世紀の皇帝たちについても基本的には変わらなかったのである。しかし、この軍人皇帝の統治スタイルにはリスクもあった。それが皇帝の突然の死である。ウァレンティニアヌスは三七五年、ドナウ川上流地域でクァディ人の使節を迎えている際に、使節団の暴言に憤慨して卒中を起こし、死亡した。また、ウァレンスは三七八年に暴動を起こした移住ゴート人たちと会戦に踏み切った挙句、戦死するという結末を迎えた。テオドシウスが「僭称帝」と戦う重要な戦争を除いて親征を行わず、それ以外の戦闘には将軍たちを向かわせるにとどめた背景のひとつには、このような軍人皇帝の直面した危険性を回避する側面があっただろう。ヴァレンティニアヌス一世は後継者の問題を克服するため、早くも三六七年に当時八歳の息子を同僚正帝にしていた。また、三七五年にヴァレンティニアヌス一世が病没すると、軍隊の反乱を抑えるために若干四歳だったヴァレンティニアヌス二世が皇帝とされている。しかし、これらの予防策は帝国西部には有効だったものの、男子を残さなかったヴァレンス帝が治める帝国東部の後継者の確保には役立たなかった。テオドシウスはヴァレンス死後の帝国東部の混乱状態を回復するために、それまでの皇帝たちとは血縁がなかったにもかかわらず、皇帝に推戴された。年齢の上でも三十代前半の精力溢れるときであった。しかし、年齢的には上であったにもかかわらず、二人の若い皇帝の方が皇帝としては前任者であり、論理上は二人の方が地位は高いという微妙な政治的関係があった。

結果的に、テオドシウスと先任二皇帝の関係は緊張を孕むものとなった。コンスタンティノープル使節として、即位した直後のテオドシウスに祝賀演説を述べたテミスティオスも、テオドシウスと他の皇帝との関係については、奥歯に物が挟まったような言い方をしている。そのデリケートな関係が最も如実に出たのは、若い皇帝の一人を暗殺して、マクシムスという人物が帝国西部で皇帝に名乗りを上げたときである。テオドシウスはマクシムスを同僚皇帝として承認し、マクシムスの擁立したコンスルを帝国東部でも認めている。コンスル職が持つ政治的意義は次章で詳しく述べるが、このことはヴァレンティニアヌス二世を無視してテオドシウスとマクシムスが手を組む道を開くものであった。前政権の唯一の生き残りであるウァレンティニアヌス二世はイタリアと北アフリカ、ドナウ上・中流地域を治めながらも、東西の政権との関係は悪く、極めて不安定な状態に置かれていたのである。

しかし、事態は思わぬ展開を迎える。マクシムスが北イタリアに侵攻すると、ウァレンティニアヌス二世はテオドシウスに庇護を求めた。テオドシウスはウァレンティニアヌス二世の妹と結婚し、ここで急遽テオドシウスは前政権と姻戚関係を結ぶ。テオドシウスはマクシムスに対する征討軍を率い、勝利を収めると、ウァレンティニアヌス二世を庇護下において、実質的な帝国全土の支配を確立する。さらに彼は自らの息子二人を同僚皇帝にし、支配の継承を確固なものにしていく。

このように、テオドシウスの統治初期は、自らの権威を確立し、帝国西部との対抗も意識しなければならない時期であった。このため、テオドシウスは帝国東部を自らの支持基盤として、新しい秩序を築かねばならなかったのである。加えて、テオドシウスは、ウァレンス帝の敗北によって大きく傷ついた帝国東部の軍隊を立て直す必要にも駆られていた。それまである程度成功していた軍人皇帝による既存秩序が完全に瓦解し、自分なりの新しい統治体制を築き上げる必要に直面していたのである。このような歴史的文脈を見ると、即位直後のテオドシウスに訴えるテミスティオスの文言は示唆的である。いささか長くなるがその文言を見てみよう。

メガロポリス〔＝コンスタンティノープル〕はお二方〔＝テオドシウス帝と西の皇帝〕に以下のお願いをいたします。あなた〔＝テオドシウス〕にはそれを叶える力があるがゆえに。彼〔＝西の皇帝〕にはあなたにその力をもたらしたがゆえに。すなわち、第一に、コンスタンティノープルができるかぎり早くその保護者〔＝テオドシウス〕を迎え入れ、帝国東部の中で真っ先に会えるようにしてください。第二に、あなたの祖先たちがコンスタンティノープルに認めた贈物すべてが確固として維持されるようにしてください。〔中略〕第三に、元老院がこの恩恵を最も皇帝に相応しいものとして求めているのですから、共に名誉で高められるようにしてください。なぜなら、この〔元老院という〕宝だけは費やされても減ることもなければ、それに対してあなた方が寄金をする必要もないのですから。それどころか、この〔元老院という〕費用をあなた方がふんだんに費やすほど、それだけ一層元老院はあなた方のために豊かに偉大なものとなって残り続けるのです。以前の帝たちは多くの柱や彫像や豊富な水を私たちに贈ってくださいましたが、あなたは私たちの元老院の上に名誉と位階を重ねて、目下の不足を癒してください。この不足は以前の水道不足に劣らず私たちを苦しめていますから。そこで、あなたが元老院議員と呼んだ人々をその名称にふさわしいものとしてください。そして、もしあなたが、コンスタンティヌスがこの町を建物で高くしたように、この町を名誉で高めてくださるなら、あなたがそれをどこに据えようとも、コンスタンティヌスに劣るとは決して見えないでしょう。かくして、劇場や広場や体育場はつい先頃に偉大なるローマに加わりましたが、名誉や不断の支配、各民族の統治といったことははじめに創建されたときからその町に共に根差しております。これに対し、目下、我々は自分たちの彫像の大きさを誇ってはいますが、自分たちの位階には確信を持てません。しかし、神々しき方よ、あなたがそのような勝利の栄冠を偉大な元老院に捧げてくださるならば、そのときにはあなたの町は真の意味で第二のローマとなるでしょう。いやしくも、町とはその人々のことである以上は。目下、私たちはこの名称を十分に我が物として誇ってはおりませんから。

（テミスティオス『第十四弁論』百八十三ａ—百八十四ａ）

ここでは帝国西部の元老院議員たちに対抗する意識をありありと見ることができる。次章でもう少し詳しく見ていくものの、ウァレンスの治世からテオドシウスの治世を通じて、元老院議員の身分はさらに広範な社会層に与えられるようになった。このため、四世紀末には軍人など、これまでの帝国エリートとは異なる人々も元老院議員身分に加わるようになっていった。元老院議員身分という古い器を使いながらも、その中身は新しい社会層をコンスタンティノープルという都に集めることで、帝国東部は新しい姿を与えられようとしていた。そして、テオドシウスを支える社会層は、前代までの施策で用意されていたのである。

## コンスタンティノープル「公会議」

テオドシウスの治世下にコンスタンティノープルが見せるようになってきた西への対抗意識は世俗の世界だけにはとどまらない。テオドシウスの治世当初には、皇帝のお膝下であるコンスタンティノープルで数次にわたる教会会議が開かれ、それまで長らく混乱していたキリスト教会の党派抗争が収拾されるようになっていく。なかでも三八一年に開かれた会議は、三二五年にコンスタンティヌス帝によって開催されたニカイア会議に続く、第二回世界公会議と見なされていくことになる。ただし、「公会議」という名称は、後代になってから、教会全体に及ぶ決定をしたと認められた教会会議に付されたものである。このため、「第何回」という数も含めて、「公会議」という名称は、後の教会の史観に束縛されたものとなってしまうため、本書では極力この言葉は避け、代わりに教会会議という言葉を用いていく。さて、同時代的文脈から見ると、三八一年のコンスタンティノープル教会会議は、帝国世界全体をまとめるというよりも、西に対抗するという側面が見られた。この側面を教会会議の経緯に照らしながら見ていくのがここでの目的である。ただし、その政治的文脈を理解するために、コンスタンティノープル会議に至るまでの教会情勢をまずは簡単に振り返っておこう。

三二五年のニカイア会議では、アタナシウスの一派が唱える教説は正統とされたのに対し、アリウスの一派は異端とされたと教科書的には説明される。しかし、実際には、神学論のみならず、政治的影響力もめぐる党派抗争が続いたため、ニカイア会議の決定はその後も議論の対象となっていた。帝国西部ではニカイア会議の結果を墨守する派が依然有力であったが、東部ではむしろニカイア会議の決定を見直す派閥が力を得、アタナシウスは何度もエジプトから追放の憂き目にあったほどである。このようにニカイア会議の結果を見直す派閥は「アリウス派」と形容されることがあるが、実態としてはアリウスの活躍した時期よりも神学的議論は深まっていて、一概にアリウスと同じ教説とも言えないので、本書では括弧つきの「アリウス派」と表記することにする。

さて、いよいよ本題の三八一年のコンスタンティノープル会議である。この会議は、それまで帝国東部で主導的な立場を取っていた「アリウス派」を退け、ニカイア会議で採択されたニカイア信条を中心として、正統信仰を改めて定義しなおした会議として知られている。しかし、実際にはこの会議の議論は長期に及び、その中で当初は司会役を担っていたナジアンゾスのグレゴリオスがコンスタンティノープル司教から退き、それに代わって俗人だった人物が新たに司教に叙任されるなど、紛糾する場面を多々迎えた。ともあれ、この会議を通じて、帝国政府が公式に支援をする正統信仰の担い手となる司教たちが改めて認定され、帝国東部各地に皇帝と結びつきを持つ司教たちが生み出された。その結果、帝国東部の教会情勢は一変することになり、コンスタンティウス二世からウァレンス帝にかけて築かれてきた「アリウス派」は退潮することになる。

しかし、この会議は帝国全体の教会の調和をもたらすために開かれたとは言い切れないところがある。なぜなら、会議の開催がなされたのは、ちょうど西の皇帝が帝国規模の教会会議を北イタリアのアクィレイアで開催しようとした時のことだったからである。言い方を変えれば、テオドシウスがコンスタンティノープルで帝国東部の司教たちを集める会議を開いたことによって、西の皇帝による会議が妨害されたのである。本来なら、全帝国規模の会議となるはずだったアクィレイア会議は、アンブロシウス主宰のもとドナウ方面の「アリウス派」司教たちを追及する局地的な性格のものになってしまった。

テオドシウスが帝国東部の会議を主催したことで、東西の教会間で新しい溝が生じるようにもなった。例えば、アンティオキア司教やエルサレム司教の地位をめぐってはウァレンス帝の治世以来、諸派閥が抗争を繰り広げていて、「アリウス派」と、ニカイア信条を尊重するニカイア派が対立していたのみならず、ニカイア派の中でも二派、三派と分裂するあり様であった。ローマ教会など帝国西部の教会はニカイア派の一派に肩入れしてきた。しかし、テオドシウスが正統と認定した派閥は、ニカイア信条を奉じてはいたものの、西部の教会が支持してきた派閥ではなかった。そのため、問題を解決する別の会議を帝国西部で開催する試みがローマ司教の呼びかけでなされる。それでも東部の司教たちはテオドシウスの庇護を頼りに、この教会会議への参加を拒み、コンスタンティノープルで認められた自分たちの立場を主張するだけに終わった。東西の物別れはテオドシウスが帝国全体に覇権を打ちたてる治世後半まで続くことになる。

また、コンスタンティノープル会議はいくつかの教会規定を定めたことも知られている。その中でも、コンスタンティノープル教会にローマに次ぐ高い名誉を与えることを定めたものはとくに有名である。この決定は、伝統あるアレクサンドリアやアンティオキアなどの諸教会を一足飛びにして、首都の教会に権威を認めていた。名誉付与の根拠は、その町が「新たなるローマ」だからというものであった。

もっとも、長らくコンスタンティノープル教会の台頭を示すとされてきた上記の教会規定に関して、近年では別の解釈がなされ、その意義をあまり大きく認めない見解が主流である。なぜなら、コンスタンティノープル教会に与えられた「名誉」は、その実態が何であるかが不明瞭であり、実質的な内容を含んでいない可能性もあるからである。また、コンスタンティノープル会議に参加している帝国東部の司教たちは出身地域に偏りがあり、例えば小アジア西部の司教などはほとんど参加をしていない。そのこともあり、コンスタンティノープル会議で定められた規定や信条について、同時代人やその直後の世代にどの程度広く知られていたのかも判然としない。むしろ、五世紀半ばに開かれるカルケドン教会会議（この会議については五章で論じる）の詳細な議事録からは、コンスタンティノープル会議で定められた事項を初めて知ったと思しき司教たちさえ散見される。後代にコンスタンティノープル会議は極めて重要な会議として位置づけられるようになるものの、テオドシウスの治世当初は、会議の結果は参加した一部の司教たちと、コンスタンティノープル教会ぐらいにしか十分に把握されていなかった局地的性格のものであった可能性が高い。

とはいえ、このような限定的な会議の性格を踏まえたとしても、ローマ教会に次ぐ地位をコンスタンティノープル教会が曲がりなりにも主張し始めた事実はやはり特記すべきであろう。コンスタンティノープルの前身であるビュザンティオンは、キリストの宣教はもちろんのこと、使徒たちの活動ともほぼ無縁であった。そのような伝統のない教会が、名だたる諸教会を尻目に、帝国東部最高の名誉を主張し始めたのは、テオドシウス治世当初のコンスタンティノープルの意気込みを示すものではあろう。なお、この時期のコンスタンティノープル司教は、先述のようにナジアンゾスのグレゴリオスの代わりとして皇帝に推薦された俗人で、元老院議員から急遽司教に叙任された人物であった。この新任司教はその後十数年にわたって司教位を占めるが、神学などには疎く、個人として際立った著作なども何も残していない。教会の祭儀執行にあたっても皇帝の影響を強く受けていたことが教会史からは示唆されており、皇帝にとっては、首都の教会儀礼もまた自らの管理しやすいものとなったことであろう。

## 首都の様相

テオドシウスがコンスタンティノープル市にもたらした建築にもローマとの対抗意識が垣間見られる。その一つは、テオドシウスの広場（フォルム）である。これはコンスタンティノープルの中央通りに跨るように建てられた、方形の広場である。コンスタンティヌスの広場も同じく中

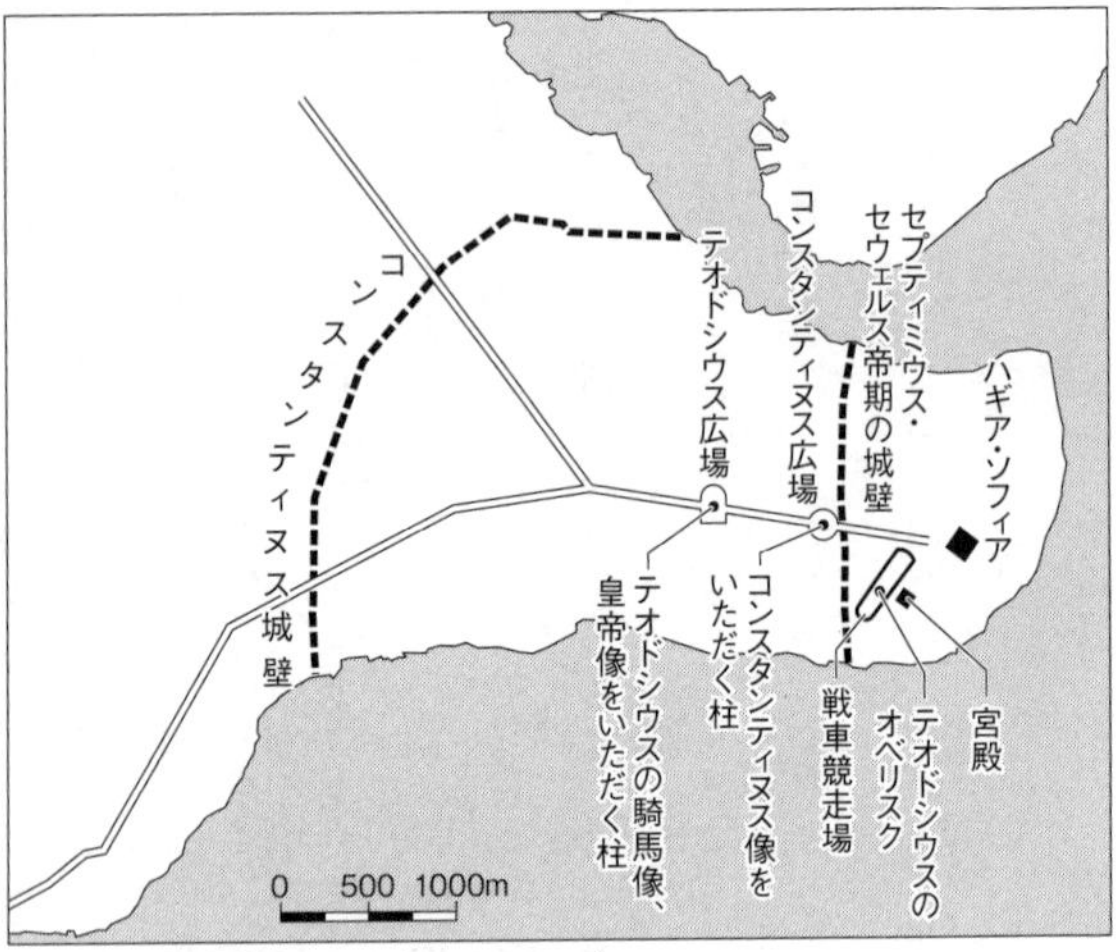

テオドシウス時代のコンスタンティノープル

央通りに位置していたが、テオドシウスの広場はそれよりもさらに西（現在のベヤジットあたり）にあった（地図）。この広場はテオドシウスの騎馬像を置いていたほか、皇帝の像をいただいた巨大な柱をシンボルとしていた。この柱は考古学的な遺構がほとんど残っていないために、その詳細は分からないのだが、螺旋状のレリーフが柱の表面に彫られ、内部に柱を登るための階段があったと推定されている。そのため、紫斑岩を組み合わせて出来ているコンスタンティヌス帝の柱とは異なり、これはむしろローマに現存するトラヤヌス帝やマルクス・アウレリウス帝の記念柱を模倣したものだと考えられる。

この柱のデザインの選定にあたっては、テオドシウス帝はガラエキア地方（現在のスペイン北西のガリシア）出身ということで、同じくスペイン出身のトラヤヌス帝を強く意識した可能性がある。また、模倣したのは柱だけではなかったかもしれない。史料からは、テオドシウスの広場には先述の騎馬像のほか、会堂もあったことが知られている。そうしてみると、記念柱、会堂、騎馬像という組み合わせは、トラヤヌス帝がローマに作らせた巨大なトラヤヌス広場を連想させるのである。テオドシウスが広場建設のために土地をならし、除去した土を湾岸部の埋め立てに使用したという逸話も、トラヤヌスが丘を削って広場を作った事績を思い起こさせる。

トラヤヌスの広場は帝政後期において、ローマ市の政治的中心として機能していたことが知られている。その壮大さは有名で、ローマの七不思議のひとつに数え入れられるほどであり（ポレミウス・シルウィウス）、三五七年にローマを訪問したコンスタンティウス二世もその規模に驚愕し、自分にはこのような贈り物を町に施すことはできないと口から漏らしたという。テオドシウスは、ローマ市のシンボル的な存在であり先帝には不可能事と思われたトラヤヌス広場を、コンスタンティノープルに再現するという大胆な試みをしたのである。

この広場が完成したのはテオドシウスの治世末年であり、彼がどのような役割をこの広場に期待したのかは判然としない。しかし、テオドシウスの孫の治世には、入市式を行う皇帝を都市の代表が出迎える儀礼の場所として、この広場が機能したことが知られている。同様の機能は十世紀に書かれた『儀典の書』でも伝えられており、コンスタンティヌスの広場と並ぶ、中央通りの重要な広場になっていく。

もう一つは建設というよりも象徴的なモニュメントの設置である。それは、本章冒頭にも紹介した、戦車競走場に建立されたオベリスクである。オベリスク自体は古代エジプトのモニュメン

テオドシウスのオベリスクの基壇部分。上段に２本のオベリスクが浮き彫りにされている。イスタンブールの戦車競走場跡にて

トであるが、それを支える台座部分には、テオドシウス時代の彫刻や碑文が残されており、現在でも往時の姿を偲ぶことができる（写真）。

本来コンスタンティヌス帝がコンスタンティノープルの戦車競走場にオベリスクを輸送することを計画していた。しかし、搬送を予定されていたオベリスクは、ローマ市を訪問したコンスタンティウス二世によってローマ市の大競走場（チルコ・マッシモ）に寄贈されてしまった（このオベリスクも大競走場からラテラノ聖堂の側に移されてはいるものの現存する）。テオドシウスは新しいオベリスクを選定し、改めてコンスタンティノープルにこの記念物を設置したことになる。ローマの大競走場には、戦車が周回する中央部分に二本のオベリスクがそそり立ち、この施設を象徴するモニュメントとなっていた。戦車競走場それ自体は帝国各地で存在が確認されているものの、二本のオベリスクはローマ市独特のものである。現在のイスタンブールにはテオドシウスのオベリスクに加え、切り石を組み合わせてできたもう一本のオベリスクがあり、まさにローマ市に比すべき戦車競走場になっている。残念ながらこの二本目のオベリスクの正確な設置年代は不明である。しかし、テオドシウスのオベリスクの台座には、二本のオベリスクが立っている場面が描かれており、コンスタンティノープルの戦車競走場がローマのそれを強く意識していたことが確かめられる。

戦車競走場が宮廷に隣接する施設として建てられているという点でも、ローマとコンスタンティノープルは共通している。この施設は市民団と皇帝が直接の対話をする政治的空間であり、単なる娯楽の場ではなかった。オベリスクの台座には、近臣や兵士たちに囲まれた皇帝が競走を見つめる場面が四方に刻まれている。北西面に刻まれたレリーフには、皇帝たちに捧げ物をする異民族たちの姿が描かれており、この競走場が儀礼の上で果たした役割も示唆している。

このように、コンスタンティノープルは公共施設の面でも、ローマを範とし、それを再現しようとしていた。そして、テオドシウスの治世末年には実際に帝国東部の行政の中心として機能し始めるようになる。

## 西からの自立

テオドシウスの治世末年は二つの重大な内戦で彩られている。一つは既に述べた、マクシムス帝との三八八年の戦いである。マクシムスを破ったテオドシウスは、名義上はウァレンティニアヌス二世の後任皇帝ではあったものの、実質的には帝国全体の覇権を手にしており、その後継者として自らの息子アルカディウスとホノリウスも同僚皇帝にしていくことになる。

ウァレンティニアヌス二世は西の皇帝として復権はするものの、三九二年に急死してしまう。その死については、暗殺された、あるいは、自らの立場に絶望して自殺したのではないかと議論されているが、真相は不明である。ともあれ、ウァレンティニアヌス二世の目付け役的な立場を占めていた将軍は、修辞学教師だった人物を急遽新たな皇帝に擁立した。しかし、テオドシウスはこの皇帝を認めず、二度目の内戦となる。勝利を収めたのはまたもテオドシウスであった。

この戦乱の時期に出されている皇帝勅法の発布地からは興味深い情報が得られる。二度の遠征において、テオドシウスはいずれも親征を行い、軍隊と宮廷機構を引き連れて、イタリアへと向かった。その一方で、自らの息子で同僚正帝であるアルカディウスはいずれの時もコンスタンティノープルに残していくことにした。これらの遠征の際、帝国東部の行政はどのように運営されていただろうか。勅法の発布地からは、二度の遠征で違いを見出すことができる。最初の対マクシムス遠征の時には、帝国東部の高官たちはしばしば遠征中のテオドシウスに裁可を仰いでいた形跡が見られる。このため、勅法の発布地として北イタリアなど帝国西部の土地が記録されている。これに対し、二度目の遠征時には、コンスタンティノープルから勅法が発せられている事例が顕著である。これは、アルカディウスの宮廷が独立して機能していたことを示している。

これには、アルカディウス帝が為政者として成熟しつつあったことも関係しているかもしれない。彼は一度目の遠征時には十歳ぐらいであったのに対し、二度目の遠征時には十六歳ぐらいになっていたからである。しかし、その一方で、オベリスクの設置も、テオドシウス広場の竣工も三九〇年代初頭に成し遂げられ、市内の儀礼の舞台は十分に整っていた。また、長年のテオドシウスの努力もあり、それまで党派争いが続いていた帝国各地の教会も和解に動き出し、三九一―三九二年に開かれたカプア会議では遂に東西教会間の最大の係争点も解決に至る。コンスタンティノープルが独立した政治的中心として機能する準備は整いつつあったのである。

# 第四章 儀礼の舞台——変容する皇帝像

## 「惰弱な皇帝」

二度目の内戦にも勝利をおさめ、帝国西部の戦後処理にあたっていたテオドシウス一世は、三九五年一月十七日にイタリア北部のミラノで死去した。勝利を収めてから四カ月後の死であった。そして、彼の死後、その息子であるアルカディウスとホノリウスの兄弟に帝国の統治権が譲渡されたことをもって、ローマ帝国が「東西分裂」したと評されるのが一般的である。そして、このテオドシウスの後継者たちは愚鈍な皇帝として通例は描かれる。例えば、エドワード・ギボンの『ローマ帝国衰亡史』では「東ローマ皇帝」と「東ローマ帝国」は次のように評価されている。

その帝国の君主は、ローマ皇帝という実質的には空名（最後にはまったくの虚名）を名乗ってこれを頑なに守り続け、カエサル及びアウグストゥスという伝統的名称が、筆頭の民族に君臨した頭領の合法的継承者たることを宣しつづけた。〔中略〕政治の形態は純粋かつ単純な君主制であり、「ローマ共和国」の名称は長期にわたって自由の微かな伝統を保持し続けたものの、その名称はラテン系諸属州に限られたものであり、コンスタンティノープルの元首たちは人民の屈従をもって自らの偉大さを測る尺度とした。彼らはかかる受動的な性向が精神のすべての能力をどれほどまで弱体化し堕落させるかに気づかなかったのである。一方、わが意志を主人の絶対命令に委ねっ放しにしていた臣下たちの方も、やがて蛮族軍の攻撃から生命財産を守ることも、迷信の脅威から己が理性を防禦することも、等しくできなくなってしまった。〔中略〕

ローマ人は長い間君主の権威を戴くことに慣れてきたために、帝家の筆頭の地位にあって多少とも勇気なり能力なりを示す者であれば、たとえ女子であっても、テオドシウス〔二世〕の事実上の空位に就くことを認められた。帝の姉プルケリアは、帝より僅か二歳の年長だったが、十六歳でアウグスタの称号を受け、時にはその臣下への寵が気まぐれあるいは陰謀のせいで曇らされることがあったにもせよ、結局四十年近くの間、東帝国を支配し続けた。〔中略〕だが肝腎のテオドシウス〔二世〕は、皇帝という輝かしい名の重さなり栄光なりを保とという気持には動かされず、父祖らを模そうなどとは少しも考えずに、父〔アルカディウス帝〕と叔父〔ホノリウス帝〕の弱体さを――あえて無能力の度合いに差をつけることが許されるならば――さらに下回った。〔中略〕はじめから紫衣の中に誕生したこの不運な公子は、真実の声からは隔離された生活を余儀なくされた。こうしてこのアルカディウス帝の子息は、婦人と宦官というおべっか種族のみに囲まれて、永遠の幼児として育つ運命に置かれた。（朱牟田訳を一部改変。文庫版第五巻109―111、148―149頁）

散々な言われようである。もっとも、よく読めば分かるように、十八世紀という啓蒙の時代を生きたギボンの筆致には、女性や東方に対する強い蔑視が込められている。しかし、このような偏見が克服されてきた現代に至っても、テオドシウス一世の後継者たちを低く評価する姿勢は長らく変わってこなかった。その典型的な評価は惰弱で優柔不断、周囲の女性や宦官の意のままにされた君主たちというものである。

だが、よくよく考えてみると、様々な疑問がわいてくる。なぜ、テオドシウス一世に比して、その後継者たちはこうも低く評価されるのか。それは皇帝の個性の問題なのだろうか。なぜ、帝室の女性や宦官の存在がクローズアップされるようになるのか。我々は四七六年に起こったとされる「西ローマ帝国の滅亡」の言説から、ローマの衰退要因をむやみに探し過ぎてはいないだろうか。それも、後に千年も存続する「東ローマ帝国」にまで！　本章では、テオドシウスの跡を継いで帝国東部を治めたローマ皇帝アルカディウスとその子テオドシウス二世を取り上げるが、とりわけ後者の治世に着目して、このような皇帝像を生じさせた歴史的背景を考えていきたい。なぜなら、テオドシウス二世は、幼児期から正帝にされたとはいえ、その治世は四十八年に及び、初代皇帝アウグストゥスに次ぐ長期政権を築いたローマ皇帝であって、単純に治世の長さだけを見れば十分に成功した皇帝と考えられるからである。

## ローマ帝国の「東西分裂」とは何か

先述のように、テオドシウス一世の死をもって、ローマ帝国は東西に分裂したと一般には評価される。このように説明されるのは、テオドシウス一世以後、西はブリテン島やモロッコから、東はメソポタミアに至るまでの広大な帝国に単独で覇権を打ちたてた皇帝が現れなくなるからである。「西ローマ帝国」は以後、侵入するゲルマン人の国家に領土を蚕食《さんしょく》されてしまうし、力を保った「東ローマ帝国」も、広大な西帝国の領土全体を回復することまではできなかった。そして、地中海全体を内海として包含する国家は現在に至るまで生じてはいないのである。もっとも、これは後代から見た歴史観であって、当時の人々には従来どおりの共同統治体制が存続していたと映っただろう。その意味で、あえて「東ローマ」といった表現を本章では用いている。

実際、同時代人にとっては分裂という意識は全くなかったどころか、テオドシウス一世没後の

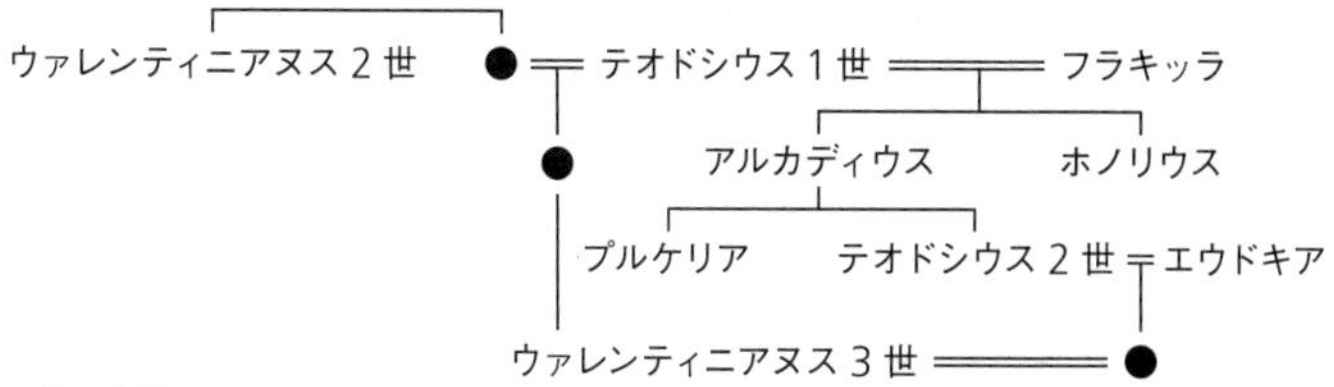


※●は女性

政権交代は近年まれにみる安泰なものと見えただろう。というのも、それまでのローマ皇帝たちの多くは、後継者となる息子を残さなかったし、息子がいたとしても、生前に同僚帝にしていないことがあった。また、息子が一人しかいなければ、単独の皇帝がいかにして広大な帝国を支配するかという問題が生じたであろうが、テオドシウス一世は幸いにも二人の息子を残し、共同統治体制を維持する余裕があった。さらに、帝国内にライバルとなる皇帝が残存し、残された幼帝の権力が危うくなることもありえたが、テオドシウスの場合は全てのライバルが除かれていたのである。せいぜいのところ挙げられる問題点としては、息子たちの年齢が幼いことぐらいであった。しかし、前章で述べたように、長子アルカディウスの宮廷はコンスタンティノープルで自立した動きを見せ始めており、その心配も少なかった。アルカディウス自身は幼い時期からとはいえ、同僚帝として既に十二年も君臨しており、その即位日も父親と同じ日だったので、即位記念式典を父帝と一緒に何度も厳かに祝っていた。そのため、ある程度の権威は備えていたと考えられる。

　テオドシウス一世は生前からその貨幣上で「正帝たちの和合」というモチーフを打ち出しており、皇帝たちの調和ある統治を訴えかけていた。皇帝が連名で法を発布する伝統は依然として残され、複数の皇帝が帝国をそれぞれ分担統治していても、帝国の一体性という政治的仮構は保たれていた。その意味で、ディオクレティアヌス以来の帝国統治体制はテオドシウス一家のもとでも存続していたのである。

もっとも、テオドシウス一世が戦後秩序を完全に回復しないままに死去したことは様々な緊張を残すことになった。イタリアにはテオドシウスが率いた軍隊と、「僭称帝」のもとに集まっていた軍隊が残されたので、帝国の主たる軍事戦力は西に集まっていた。この西の軍隊は、弱冠十歳のホノリウスの権威下に置かれていた。このためホノリウスを補佐する将軍が強力な政治的発言権を手にし、東西宮廷の間で緊張状態が現出したのである。しかし、その後も帝国の分担統治という理念が崩されることはなく、五世紀半ばまで帝国には複数の皇帝が立ち続けた。東西の分裂を過度に主張することは、単なる歴史の結果論になる恐れもあり、慎むべきであろう。

より重大な問いは、そもそも幼い皇帝たちの統治がどうして存続可能になったのか、という問題である。例えば、三世紀であれば、しばしばこのような幼い皇帝は父帝が死去した後、政治的に抹殺されてしまっていた。四世紀には六、七歳といった若い年齢で副帝や正帝にされている事例が多数確認されるが、いずれも父帝の生前に同僚帝とされ、父帝が死去したころには二十歳近くになっていたから、そこまで大きな問題は生じなかったと思われる。これに対し、ホノリウスの場合は、十歳で帝国西部の支配権を持ち、テオドシウス二世に至っては父アルカディウスが死んだときには七歳であった。彼らはいかにして支配を確かなものとしたのだろうか。その背景には、四世紀以来、皇帝の定住に伴って首都が帯び始めた儀礼の場としての性格が、逆に皇帝の役割をも変えたこと、そしてそのことこそが統治に安定をもたらしていったことが窺われる。以下ではこのような皇帝の役割の変化を見ていくことにしよう。

## 軍人皇帝からの逸脱

アルカディウスやホノリウスなどテオドシウスの子孫たちが大きな特徴とするのは、軍人としての活動を基本的には行っていないことである。彼らは自ら軍を率いて陣頭指揮を執ることを放棄し、腹心となる将軍たちに実際の戦闘行動を一任する形になる。これによって、必要な戦線に機動軍を率いて宮廷ごと移動していくという三世紀以来の軍人皇帝としての行動パターンは見られなくなる。それは、ユリアヌス帝やウァレンス帝に見られたような、戦場での死という危険を遠ざけ、皇帝の統治を安定させる効果があったであろう。

ただし、皇帝が軍事的勝利の栄光をみすみす手放すことはなかった。彼らは将軍たちに現場の指揮は任せても、勝利の最終的果実は自らのものとしていたのである。初代皇帝のアウグストゥス以来、自らの代理として派遣された将軍たちが収めた戦功は、皇帝に帰される伝統があったから、このような主張をすることは十分可能であった。貨幣上ではアルカディウスらの治世から武装をした正面向きの皇帝像が頻繁に現れるようになる。図像それ自体はコンスタンティヌスやコンスタンティウス二世の特別発行の貨幣にも見られることから、アルカディウスとホノリウスの独創というわけではない。しかし、軍事指揮を執らない皇帝たちが武装した姿の図像を久しぶりに復刻し、しかもこの図像は、それまでの文民的なコンスタンティヌス像（40頁写真参照）と並んで、あるいはそれ以上に、五世紀には一般的な皇帝図像として貨幣に採用されていくことになる（写真）。この意識的な図像の選択からは、軍事指揮は執らずとも、軍事的栄冠は確保しようという皇帝側の意図を読み取れるのではないだろうか。

武装した姿のテオドシウス２世

また、直接的な軍事指揮を執らなくとも、皇帝が戦争に関与することは可能であった。それが神への祈りである。神へ正しい祈りを捧げることで、神に愛され、それがローマ軍に勝利をもたらすという思想である。神に対する意識が希薄な現代人にとっては、これらは単なる神頼みとして、空虚な思想と見えるかもしれない。しかし、正しい宗教儀礼の実践とそれに伴う軍事的勝利という発想は古代世界に色濃く見られる思想である。そもそも、どんなに入念な戦闘の準備をしたところで、勝率を上げることは可能かもしれないが、百パーセント勝つということは不可能である。予想を超える様々な自然的・人的要因が重なり、カオス理論よろしく、結果が安定しないのが戦場の常なのだから。それゆえ、古代ローマ人であれば鳥の飛び方や動物の肝臓を使った占いなど様々な吉凶判断を念入りに行った。もちろん、それは政治的方便であって、都合の悪い占いの結果を迷信だとして無視する古代人もいたわけだが、兵士らの士気を上げる点でも神の加護という要素が重要な意味合いを持っていたことは忘れてはならないだろう。実際、現代人ですら、受験や大事業の前には合格祈願や成功祈願のために神社・仏閣を訪れるではないか。

キリスト教の影響が強まる帝政後期でもその傾向は変わらない。いや、むしろ強まったとさえいえるだろう。そもそも、コンスタンティヌス帝がキリスト教を保護したとき以来、勝利をもたらすキリスト教という捉え方が認められる。コンスタンティヌスとマクセンティウスの戦いが、前者のキリスト教「改宗」と関連づけられて記憶されていくように、キリスト教の信仰および十字架などのキリスト教のしるしは、ローマ皇帝と密接に関連していた勝利の概念と強く結びつけられていく。また、キリスト教が悪魔祓い・病魔退散という現世利益をもたらす宗教として民間では理解されていたことも忘れてはならない。このため、十字を切ることやキリスト教の神に縋《すが》ることは、悪を払い勝利をもたらす行為として、広く社会に認知されていた。この社会的文脈の中にあって、皇帝が正しい崇敬を実践することは、ローマ軍の勝利や帝国の安寧に直結するものと理解されえたのである。

コンスタンティウス二世やテオドシウス一世といった、軍人皇帝として振舞っていた者たちについても、実際の戦闘では陣頭指揮を執るのではなく、戦線の後方で神への祈りを捧げ、それによって勝利をもたらすという描写が早くから確認されている。その史実性はともあれ、同時代人たち、あるいはその少し後の時代の人々の間で、皇帝の捧げる神への祈りが戦闘の帰趨に直結するという思想が共有されていたことが重要である。このような社会的背景から、実際の戦線から離れた都にあっても、正しい宗教実践を通じて帝国を守るという皇帝の論法が可能だったのである。

ただし、この統治スタイルを実際に運用するためには、皇帝が正しい崇敬行為を日々実践しているという姿を世間に見せることが重要になってくる。宮廷という空間に引きこもり、人目につかないところでひっそりと祈りを捧げているだけではダメなのである。皇帝は様々な媒体を通じて、自らが宗教的に敬虔であることを示すようになっていく。そして、コンスタンティノープルという都市もまたその重要な舞台装置となっていった。

## キリスト教と勝利

この時代に、コンスタンティノープルでの皇帝の勝利を喧伝するモニュメントとして挙げられるのが、アルカディウス帝の記念柱である。この柱は現在では基壇部分が残されるのみであるが、その基壇だけでも高さ九メートル（現代の建物の三階建てに相当）、幅六メートルを誇っており、いかに巨大なものであったかが分かる。基壇の上に立っていた柱には、歴史的場面を描いたレリーフが刻まれていたことが、近代に描かれたスケッチから知られている。これは、前章で触れたテオドシウス一世の柱と同様、ローマ市に残るトラヤヌス帝記念柱やマルクス帝記念柱と同じデザインである。また、柱の内部に人が昇るための階段があった点も共通であった。レリーフはゴート人との戦いの場面を描いたものと考えられており、そこでは勝利をもたらしたアルカディウスとホノリウス両皇帝の姿も認められる。基壇部分のレリーフには勝利者の姿で並び立つ皇帝と、捧げ物を持つ擬人化された諸都市の姿などが刻まれた。全体的に古典期のモチーフが用いられてはいるが、勝利の女神たちの捧げ持つ冠の中央にキリスト教のシンボル（キーロー）が描かれていることは、帝政後期の文化的変容をわずかに示している（図版）。

コンスタンティノープルにあったアルカディウス帝の記念柱基壇のスケッチ。レリーフ部分は現在では残っていない。レリーフの上から２段目にキーローが、３段目には両皇帝が、４段目には擬人化された諸都市が描かれている

なお、この記念柱のあった区画は、アルカディウスの息子のテオドシウス二世の治世になると広場として整備され、記念柱自体にも皇帝像が載せられるようになる。コンスタンティヌス広場、テオドシウス広場が中央通りに列なる形になっていることは既に述べたが、このアルカディウス広場もさらに西方でこの通りに接している。こうして、記念柱を擁する皇帝の広場が目抜き通りに断続的に並んでいくというコンスタンティノープル独特の景観が徐々に形成されていくようになる（215頁地図参照）。

左：テオドシウス２世時代の貨幣。グロブスの上に十字架が載っている。
右：前掲（134頁）のテオドシウス２世を刻印した貨幣の裏面。豪勢な十字架を持つ勝利の女神が描かれている

アルカディウスの記念柱に見たキーローと並んで、戦勝につながるシンボルとして強調されるようになるのが、キリスト教の十字架であり、それはとりわけ貨幣上で喧伝されている。グロブスと呼ばれる球については第一章でも触れたが、皇帝の持つ球《グロブス》の上には勝利の女神像が載るのが普通であった。ところが、テオドシウス一世の治世から、勝利の女神像に代わって、十字架が載ったものが見られるようになってくる。そして、テオドシウス二世の治世になると、宝石がちりばめられた豪勢な十字架を持つ勝利の女神さえ貨幣上に描かれるようになる（写真）。この貨幣はササン朝ペルシアに対する戦勝を記念したものであるが、東の大国ペルシアとの戦いはテオドシウス二世にとって極めて重大な意味をもつものであった。シンボルに対する強い意識は以下のテオドシウス二世の法文からも読み取れるかもしれない。

上天の御稜威《みいつ》に対する敬神の念をあらゆる点において守ることを我等は入念に配慮しているので、救い主たるキリストのしるしを何ぴとも床や、床石や、地面に置かれた大理石に彫り

込んだり、描いたりしてはならないし、そのようなものが何であれ見つけられたら取り除かれなければならない。もし何ぴとかが我等の規定に反することを試みたならば、その者に極めて厳しい罰が科されるよう、我等は特別に命じるものである。（『勅法彙纂』第一巻第八章）

帝政後期の教会や家の内部では、壁、天井、床、柱など随所に絵画やモザイク画が配されていた。そのような中で、床面に十字架のようなキリストのしるしを描いた装飾を置いて、それを人が踏みにじるような形にしないことをこの法文は命じている。この命令にどれほどの実効性が企図されていたのかは不明であるが、皇帝の信心深い姿は十分に伝わったであろう。また、皇帝像は帝国内の各地で皇帝を象徴するものとして用いられ、とりわけ持ち運び可能な像が、競技会など公式の祭典では設置されることがあったが、皇帝はこの像が神に対するのと同じような崇拝の対象にならないよう指示している。

我等の彫像ないし肖像が、慣例のように祭日や平日に、設置されることがあるなら、裁判官は、崇拝という空虚な衒《てら》いをすることなしに立ち会うべし。これは、その日や場所、そして我等の記憶に、自らの臨席という栄誉を加えたことを裁判官が示せるようにするためである。また、〔皇帝の〕似姿が競技会で披露されるとき、それは、集まった人々の魂の中と心の秘奥にのみ、我等の御稜威と栄誉とが活きづいているということを示すべきこと。そして、人

の権威を越える崇敬は、上天の御稜威のために取り置かれるべし。(『テオドシウス法典』第十五巻第四章第一法文)

戦勝と宗教的敬神のつながりは、とりわけ儀礼の面で見られた。四二五年にテオドシウス二世は西の「僭称帝」との戦いを繰り広げることになる。この時も皇帝自身が軍を指揮することはなく、将軍による代理戦争の形を取った。そして勝利の報が西方からコンスタンティノープルにもたらされたとき、皇帝は戦車競走場で試合を観戦している最中だった。戦勝報告を受けた皇帝は、観客たちにその知らせを布告した後、勝利をもたらした神に感謝の祈りを捧げるため、教会に向かうことを宣言する。皇帝は観戦をやめると、祈禱のための行進に移り、観戦者たちも一斉に賛歌をうたいながら随行したという。皇帝一行が向かった教会は明示されていないが、コンスタンティノープルの戦車競走場からハギア・ソフィア教会へは指呼の間であるため、おそらくは首都のこの象徴的な大教会へと行進は展開したのであろう。衆人環視のもとでの敬虔な皇帝像の提示は、戦勝の場合に限られず、天災の時にも行われた。戦車競走場で嵐が吹き荒れたときに、皇帝の指揮のもと、観衆全体で祈りを捧げ、一体感を醸成したことも史料から知られている。この際に皇帝は、飾らない私的な装いに着替えたとされており、自らを卑しめて神に嘆願するという皇帝像を提示していることが分かる。

後に異端論争の渦中に巻き込まれるコンスタンティノープル司教のネストリウスは、自らが叙任されたときに行った説教で、皇帝テオドシウス二世に対し、次のように呼びかけた。

陛下、この地を異端の除かれた形で私に授けたまえ。さすれば、私からはあなたにお返しとして天を授けましょう。私とともに異端を滅ぼしたまえ。さすれば、私はあなたとともにペルシア人を滅ぼしましょう。(ソクラテス『教会史』第七巻第二十九章第五節)

キリスト教の聖職者がこのような攻撃的な説教をすることに驚かれるかもしれない。しかし、この文言を読む際には、彼がコンスタンティノープルという皇帝の都の司教であること、叙任の日がテオドシウス二世の誕生日と同日に合わせられていることなども踏まえる必要がある。戦勝と敬神が密接に関連することをアピールする皇帝の姿に、ネストリウスの方も都の公式な場で応えた形になっているのである。この後、ネストリウスは異端への攻撃姿勢を示して、首都の少数派や小アジアの諸教会に積極的に干渉していくようになる。その結果、コンスタンティノープル教会の影響は首都を超えて広範囲に及ぶようになっていくが、正統・異端の言説は他所へ介入するための口実に使われたことになる。正しい信仰を強調する言説は、皇帝の支配理念に直結するものとして、皇帝の側でも臣下の側でもそれぞれの思惑のもとに利用されることになっていく。

## 帝室女性たちの権威

神との特別な結びつきと、敬虔な姿が強調されたのは皇帝だけに限られず、皇帝の家族にも及んだ。テオドシウス一世以降の政権に認められる一つの特徴は、皇帝の妻や姉など帝室内の女性も、皇帝と同じような特徴を備えた形で公の場に表されたところである。

事の起こりはテオドシウス一世がその最初の妻フラキッラにアウグスタ（正帝を意味するアウグストゥスの女性形）という名誉称号を与え、貨幣に彼女の肖像を表したことに遡る。アウグスタ称号自体は帝政前期以来、帝室の女性に与えられていたが、帝政後期には、コンスタンティヌス帝がその母ヘレナと娘コンスタンティナにこの称号を与えて以来、利用が途絶えていた。比較的簡素な装いで表されていたヘレナとは対照的に、フラキッラは皇帝のディアデマを思わせるような豪奢なヘアバンドを被り、服装も極めて華々しいものになっている。

そして、アルカディウスの妻以降は、図像上もう一つの大きな特徴が現れる。天から伸びてきた手がアウグスタの頭に冠を載せているところが描かれるようになるのである。この図像はその後も、テオドシウス二世の姉プルケリアや妻エウドキアにも引き継がれるようになる。天から伸びる手はこの時代の美術で至高の神を示す表現である。したがって、アルカディウス以降の時代になると、帝室女性たちが神に近しい存在であると、印象に強く残る形でアピールされたことが窺われる（写真）。

そしてアウグスタたちもまた皇帝に劣らず、積極的なキリスト教崇敬を行った。先述のフラキッラは自らの手で困窮する人たちへの手助けをするなど救貧活動を積極的に行ったし、アルカディウス帝の妻は教会のミサに頻繁に参加した。後者はコンスタンティノープル司教ヨアンネス・クリュソストモス（この人の説教は、同時代はもちろん、後代にも大きな影響を及ぼすことになる）と衝突を起こしたことで有名になるのだが、その背景には、積極的に首都の教会に参り、その行列行進で人目を引くアウグスタの存在があった。

テオドシウス二世の姉であるプルケリアに至っては、さらに印象的な逸話が伝わっている。彼女は二歳年下の弟であるテオドシウス二世に対して、皇帝に相応しい立居振舞などを指南したとも伝えられており、早くに両親を失ったテオドシウス二世を家庭内でリードする存在であった。

エウドキアの肖像。ディアデマを思わせるヘアバンドをかぶり、天から冠を載せる手が伸びてきている

そして、コンスタンティノープルの元老院議員会館には、東西のローマ皇帝の像に並んで彼女の像も並べられていたとされ、公の場での知名度も高かった。このプルケリアは十五歳の時にアウグスタ称号を与えられるのだが（三九九年一月生まれの彼女は四一四年七月に称号を受けている。本章冒頭引用のギボンはローマ式に数えで表記したものか）、その一方で生涯の純潔、すなわち結婚をしないことを誓約し、同じ生き方を妹たちにも

勧めたという。この純潔宣言の意図としては、結婚相手の男性が、テオドシウス二世のライバルになって、帝国の政治的安定を乱すことを防ぐための策だったなどと研究者は議論している。その真意が何であれ、彼女がキリスト教の修道女のような暮らしを選んだということが広く世間に伝えられた点を本書では注目しておきたい。実際、コンスタンティノープルにあるテオドシウス二世の宮殿はあたかも修道院のようであったという話も伝わっており、敬虔な暮らしぶりは皇帝個人のみならず、家族全体で喧伝されていたのである。

プルケリアもまた、その母親と同様、教会のミサに頻繁に出席した。そして、聖遺物（聖人の遺骸）を首都に招来することにも尽力した。しかし、彼女のキリスト教崇敬にも、現代人から見ると、いささか特異なところが見られる点も指摘しておくべきであろう。彼女はコンスタンティノープル司教ネストリウスと軋轢を起こすことになるのであるが、そのきっかけとなったのは、聖体拝領の儀式の際に、聖職者と皇帝しか入ることが許されない教会の内陣に立ち入ろうとしたからであった。もっとも、彼女の言い分によれば、それまでの司教は彼女に立ち入りを許していて、新しく叙任されたネストリウスだけがそれを禁じたという。そして彼女は憤慨のあまり、「どうして。私は神を産んだのではなかったのか」と言って、ネストリウスに食ってかかったのである。ここからはプルケリアが自らを聖母マリアに重ね合わせていたことが窺われる。この逸話の史実性はともかくとして、アウグスタが聖母と近しい存在として認識される土壌が社会にあった点は注意すべきである。「純潔」（pudicitia）という美徳は処女マリアの徳性として顕揚されてきた一方で、帝政前期以来、アウグスタの徳としても貨幣上で頻繁に喧伝されてきたものであった。

なお、ネストリウスは、聖母マリアが「テオトコス」(神を生んだ者)と呼ばれている世間の風潮を嫌って、この呼び名を避けて「キリストトコス」(キリストを生んだ者)という呼び方をすべきだという提案をした。その背景には、厳密な教義から逸脱する、聖母崇拝などの民間のキリスト教信仰を正そうという意図があったであろう。しかし、その強引な教会政治のゆえに敵対者たちを多く生み出していたネストリウスはこの件をきっかけに異端として各地の司教たちから訴えられ、ついに四三一年のエフェソス教会会議で弾劾されることになる。本書ではこの興味深い論争について深入りをすることはしないが、聖母マリアの崇敬とその呼称についての議論は単に神学上の問題だけではなく、帝室女性の崇敬とも関わるデリケートな政治的論題であった可能性を指摘しておきたい。

さて、本章冒頭で述べたように、テオドシウス一世の後継帝たちは家庭内の女性たちに牛耳られる存在として描かれてきた。その背景として、このように公の儀礼の場面や公式なモニュメントを通じて帝室女性たちの宗教的敬虔さを広く知らしめる政策があったことを念頭に置いておこう。それは、家庭全体を通じて、皇帝の美徳を高める試みだったのである。

## 「多国籍」な社会

では、コンスタンティノープルに構えられた宮廷とは一体どのような場所であったのであろうか。空間的にはコンスタンティノープルの東南端が、かつての宮殿のあった地区である。現在この場所は部分的に発掘がなされており、とくにイスタンブールのモザイク博物館を訪れれば、そこがいかに広大で豪勢な施設であったかを偲ぶことができる。しかし、いわゆるブルーモスクがあるため、大規模な発掘は行われておらず、テオドシウス二世の時代のような古い時期の宮殿の状況やその空間の利用についてはほとんど何も分からないのが現状である。

ただし、皇帝が一般の人々からは近づきがたい存在であったことは間違いない。すでにコンスタンティウス二世の時点でもその傾向は見て取れた（第二章参照）。その皇帝の身の周りの世話は宦官たちが担っていた。宦官は主として、アルメニアやペルシアなど東方出身の奴隷たちから成っていた。身の周りの世話というと、家事のようなものが想像されてしまうかもしれないが、宦官たちはそれだけではなく、皇帝の伝令役として、あるいは特別任務の遂行を担うエージェントとして、場合によっては軍事指揮官として活動することもあった。側仕えとして直接皇帝と会話できる立場は、便宜供与や官職の斡旋などの口利き役として大きな影響力を持つ機会ももたらした。宦官はコンスタンティヌスの時代からその存在感を高めつつあったが、特にテオドシウス二世の時代には力の強い宦官の名が複数伝わっている。その内の一人であるラウソスは、コンスタンティノープルの宮殿近くに大きな屋敷を構え、オリュンピアのゼウス像やリンドスのアテナ像、サモスのヘラ像など古代の名だたる神域にあった、有名彫刻家の手になる像を集めていたとされる。

皇帝の側仕えをする者が外国出身者であることには驚かされるかもしれない。しかし、そもそも帝政前期でも皇帝の護衛がゲルマン人であったように、側仕えという奉仕業務を同胞市民に担わせるという発想は古代ローマにはなかった。また、生活の資や人的紐帯が不安定で、皇帝しか頼ることのできないような人間は、皇帝に反旗を翻す危険性が少なかったため、このような社会背景の人物が好んで側仕えとされたと考えられている。また、男性器を切除した宦官は奴隷の中でも特別なもので、入手が困難であったから、価値も高かった。浮気などの恐れがないから帝室女性の側仕えとして使う上での安心感などももちろんあったろうが、そもそも「高級品」としてステータスシンボルになりえたのである。

宮廷に出入りする東方出身者は宦官だけではなかった。ローマの東方にはササン朝ペルシア以外にも、現在のアルメニア、ジョージア、アゼルバイジャンといった地域に多数の小王国があった。ササン朝ペルシアやこれらの王国の王侯子弟たちの中には人質として、あるいは国内の政権抗争の結果追い出されて、ローマに身を寄せた者たちが多数存在した。彼らは高貴な身柄だったため、宮殿で皇帝と起居を共にすることも多かった。本国で政変が起きると、ローマの軍事的後ろ盾を得て、王権を手にすることもあった。彼らはローマ文化を吸収することもあれば、反対に東方の文化をローマにもたらすこともあった。テオドシウス二世の治世にはコンスタンティノープルにポロの競技場が建てられたことが知られているが、ポロはペルシアの貴族文化であり、その由来はこのような東方出身者にあっただろう。反対にイベリアという現在のジョージアにあった王国の王侯子弟の中には、修道院のようだったテオドシウス宮廷で暮らしているうちに、修道運動に目覚めた者もいた。彼は宮廷を密かに抜け出して、パレスティナへと行き、ペトロスというギリシア・ローマ風の名前を名乗って、修道生活を続けた。この人物は宮廷暮らしの間に培った人脈もあって、後のカルケドン会議をめぐる教会抗争の中で活躍することになる。

先述のように、皇帝は軍事指揮権を将軍たちに委ねたが、この将軍たちとはしばしばゲルマン人、アラン人、フン人などローマ帝国外の出身であった。彼らは軍事畑でたたき上げとして活躍し、なかには娘を皇帝の妃にしたり、新皇帝の擁立に容喙《ようかい》したりするなど大きな政治的影響力を発揮する者も現れた。彼らにローマ市民権がどのタイミングで与えられたのか、また与えられたとしてもどの程度ローマ市民的な振舞をしたのかについてはまだまだ研究されるべき余地がある。しかし、一つ言えるのは、多くの軍人たちがローマ皇帝に忠誠を誓い、ローマ帝国の安定のために尽力した一方、いわゆる近現代的な意味での民族意識を強く持つことはなかったということである。軍隊ではラテン語が用いられつづけたが、武装・戦術の面ではペルシア人やゲルマン人など異民族のものでも優れたものは積極的に採用されたから（そもそも兵士自体も異民族から登用されることがままあった）、ローマ軍は極めて多様な出身の人々から成っていたのである。

このように、皇帝の家政部門そして軍事部門においては、帝国外の出身者が存在するのが普通であった。また、皇帝の身の周りの事務を扱う宮廷官僚の部局も、帝国人民から採用されるとはいえ、帝国各地の出身者が集まっていた。エジプト、シリア、パレスティナ、バルカン半島、小アジア、イタリアなど母語の話し言葉を異にする人々が、帝国共通語としてのギリシア語あるいはラテン語を学び、官界に身を投じていた。彼らは伝統的な古典文化を重視しつつも、皇帝が庇護して以来帝国内に大規模に広まったキリスト教文化も旺盛に摂取した。

このため、テオドシウス二世の時代の文化は極めて多様な性格のものが花開いた。ノンノスというエジプト出身のギリシア語詩人は詩聖ホメロスの作品を意識しながら、酒神ディオニュソスを讃える詩歌四十八巻（これはホメロスの『イリアス』と『オデュッセイア』の巻数を足した分に相当する）を作った一方で、古典ギリシア詩の韻律を使ってヨハネ福音書を説明する著作も残している。また、テオドシウス二世の妃エウドキアもギリシア詩の造詣に深かったが、その詩才を駆使して、ホメロスの詩句の抜粋から成るキリスト教賛歌を作っている。その一方で、キリスト教を歴史作品にするという試みも盛んになされ、『教会史』あるいは『キリスト教史』を冠した著作が多数世に出されることになった。以上のような文化的・民族的背景の多様な人々を政権に統合する上で大きな役割を果たしたのが、元老院議員という名誉ある身分であった。この点を次に見ていくことにしよう。

## 元老院議員身分のさらなる拡大

さて、すでに元老院議員身分が広範な帝国官職に結び付けられ、その官職を取得した者に身分を付与する流れが生じていたことは指摘した。この傾向は、コンスタンティウス二世以降、さらに進展し、それまでは元老院議員身分相当とはみなされていなかった官職にも拡大適用されていくことになった。アルカディウスとテオドシウス二世の時代になると、もはや上級軍人たちはもちろんのこと、ついには皇帝の家政部門のトップたち、すなわち宦官たちですら、元老院議員身分に列せられるようになっていった。この点で、元老院議員身分は、ローマ帝国に奉仕したエリートたちを束ねるための爵位的な様相を強めたと言える。

元老院議員身分がある意味インフレを起こしてしまった結果、元老院議員に与えられる称号についてもさらなる細分化の傾向が見られるようになる。元老院議員に対しては、ローマ共和政末期から「この上なく輝かしい」(clarissimus) という語が用いられるようになり、帝政期を経るにつれて、元老院議員身分の者に専ら適用されるようになっていった。この語は帝政後期にも依然として議員に用いられていたが、議員身分獲得者が増えてきた四世紀後半からは、同じ元老院議員の中でも序列に応じて呼称が付加されるようになっていく。

序列は経験した帝国官職の重みによって決定され、帝国の最重要官職を経験した者には「この上なくまばゆい」(illustris)、それに次ぐ、かなり高位の官職経験者には「目を留めるべき」(spectabilis)などの形容詞が付加され、単なる元老院議員と区別されるようになった。この区別立ては単なる名ばかりのものではなく、特権の細部にも違いがあったし、官職者や官職経験者が一堂に列席するような場面では、それらの人々の席次を決定づけるものでもあった。民政部門や軍事部門など同一の部門内であれば、序列についてはほとんど大きな問題は起こらない。しかし、当時の勅法からは、民政部門のある役職と、軍事部門のある役職とではどちらの席次が上にあたるのかといった、部門間を横断するような性格の問題が生じていたことが窺われる。前述のように家政部門には宦官、軍事部門には帝国外民族出身者が多かったことを考えると、ますます「国際」的な様相を呈するようになっていた官職者・軍人たちを、元老院議員という伝統的なローマの身分制度の名のもとに統合していたと言えるだろう。

類似のことはローマ共和政の最高官職であったコンスルについても言える。この政務官は毎年二名選出され、共和政期には軍事指揮権、民会開催権などの重要な政治的権力を握っていた。帝政後期になるとコンスルはそれらの権能を失っていたが、ローマ人は年を数えるのにその年のコンスルの名前を使うという慣習を守り続けたため、コンスル職は不朽の名誉を与えるものとして高い位置づけを与えられていた。帝国を分担統治する東と西の皇帝たちは、相互に事前相談して、コンスル職に就く者を細心の注意をもって選んでいた。しばしば、東の正帝と西の正帝が同時にコンスルに就くようにして、帝国の一体性をアピールする狙いがあったからである。また、四世紀から五世紀へと進むにつれて、コンスルの一方が皇帝で他方が臣下という事例は少なくなっていった。これに対し、名だたる功をあげた軍人や高級官僚には褒賞としてコンスル職も与えられるようになる。このため、帝政後期のコンスルの一覧を見れば、東西の政府がどのような協議をして帝国の一体性を示し、功績を収めた人物を評価したかを見ることができる。古い器を新たな役割に用いるのは、帝政後期の治世の巧みさであろう。

こうして元老院議員身分層が拡大していった結果、元老院議員家系の二世・三世といった人々が政界に進出することも増えていき、第二章で見たような都市参事会員の大規模なコンスタンティノープルへの流入は少なくなる。五世紀に入る頃には最上級の元老院議員たちを中心にコンスタンティノープル元老院の中核メンバーが形成され、議会に専ら参加するようになる。彼らは、長い歴史を持つローマの元老院に所属する議員たちとは比較にならないものの、コンスタンティノープルにおいて貴族と呼べるようなエリート層を形成していく。他方で、他の多くの元老院議員たちは地方都市で暮らし、その土地で高い社会的声望を持つことになる。

## ゲルマン人の侵入の裏側

いささか抽象的な話が長くなった。ここからは、アルカディウス帝からテオドシウス二世に至るまでの政治史を、上記の社会背景を踏まえながら概観していこう。

帝国東部では、宮廷を支える高官たちの間で権力争いが激しくなり、一時的に政治的混乱をきたす。しかし、この抗争の中で、誰もが皇帝に取って代わることはせず、むしろ誰が皇帝を支えながら実権を握るかが主に争われた。このため、四〇八年にアルカディウス帝が死去しても、幼いテオドシウス二世に皇帝権が譲られるだけで、深刻な内戦は発生しなかった。

これに対し、帝国西部では、ホノリウス宮廷が北イタリアに軍事力を集中させ、ライン方面の防衛をなおざりにしていた。この動きに対抗して、ブリテン島やガリア方面で現地勢力による独自の軍人皇帝が擁立されることになる。北イタリアの政権は、何度も政権内での混乱を抱えるものの、ついには体勢を立て直し、最終的にこれらの「反乱」の鎮圧に成功する。

この内戦を尻目に、ヴァンダル人や西ゴート人などのゲルマン人は徐々にイベリア半島やガリア南部などに拠点を構えていく。彼らは独自の皇帝を擁立することはせず、時に帝国政府に軍事的協力をするなどしながら、駐屯地に実質的な軍事的覇権を確立し、それを政府から認めてもらっていったのである。政府側にとっても彼らの存在は軍事力として貴重だったので、帰順の姿勢を示すかぎりは、積極的な排斥対象にならなかった。この点は、「僭称帝」を擁立した勢力が優先的に攻撃されたのと大きく異なっている。このような半独立的な勢力が残存する中でホノリウス帝が死去し、西の宮廷は独自の皇帝を擁立する。しかし、この皇帝を東のテオドシウス二世は認めず、遠征軍を派遣して破り、代わりに自らの親族であるウァレンティニアヌス三世を四二五年に西の皇帝に据える。いわゆるゲルマン人の侵入という事件の背後には、ローマ皇帝を名乗る者たちの間での、このような深刻な内戦の連続があったのである。

## 儀礼を通じた帝国の統一

テオドシウス二世は西のヴァレンティニアヌス三世とともに、改めてローマ帝国の再興を試みる。それは東政府の指導の下、帝国西部を再建するという形式を取った。東西両帝は同じ正帝ではあったけれども、明らかに東のテオドシウス二世が上位であることが、貨幣図像上では示されている（写真）。軍事的覇権の再確立、キリスト教会の統一の維持、そして、東西宮廷の密接な連携といった事項がテオドシウスの関心事となった。その一つの結実を見たのが、四三七年の秋から四三八年の春にかけての一連の式典であった。

式典の中心をなすのは、四三七年十一月に行われたテオドシウス二世の娘と西帝ヴァレンティニアヌス三世との結婚式である。二人の間では既に婚約が締結されていたが、両者の成人を待って、いよいよ式典を挙げることになったのである。当初、結婚式は東西帝国の境目近くにあるテッサロニカで行われる予定であったが、ヴァレンティニアヌス三世の合意もあり、結局コンスタンティノープルで開催されることとなった。そして、この結婚式と並行して行われたのが、東帝国の主導で編纂された『テオドシウス法典』の授与式典である。

『テオドシウス法典』とは、コンスタンティヌス帝からテオドシウス二世に至るまでの一世紀近くにわたる皇帝たちが出してきた勅法を収集し、テーマ別にまとめて編集した法律書である。それ以前にディオクレティアヌス帝の治世に二つの法典によって、二世紀から三世紀までの勅法はまとめ上げられていたが、時代が進んで勅法の重要性が増してきたにもかかわらず、勅法の整理そのものは蔑ろにされていた。とりわけ事態を複雑にしていたのは、四世紀以降、帝国の分担統治が常態化した結果として、帝国の西と東とで互いに十分な連絡を取ることなく、それぞれの必要に応じた勅法を発布していたことである。しかも、宮廷が移動していたために、当時の政府が安定して文書を保管できていたのかにも大いに疑問がある。このような状況の結果、帝国の東西、あるいは時代の違いによって、内容が矛盾する法律が出されることがままあった。しかも帝国官僚も訴訟当事者も帝国で出された勅法を網羅的に参照することができなかったため、司法判断がぶれたり、あるいは訴訟当事者が自分にとって都合の良い勅法だけを法廷に持ち込んだりすることがありえた。勅法の内容不統一という司法の現実が、帝国の一体性という仮構を崩そうとしていたのである。

左：テオドシウス２世の肖像　右：テオドシウス２世（左）とウァレンティニアヌス３世。座像と立像という姿勢の違いや人物の大きさなどで同じ正帝の間でも差があることを示している。両者が十字架を持っている点にも注意

『テオドシウス法典』は、帝国全土に対して適用する勅法を、

可能な限り収集したものである。この法典に収録されていない勅法の利用を禁じることで、司法の現場での勅法解釈をできるかぎり安定させようとしたのである。そして、この法典は東政府を中心に編纂されたものの、西政府にも授与し、それを帝国西部でも運用することが期待されていた。また、以後は定期的に東西政府の間で勅法を送付して、法解釈の乱れをなくそうという計画も盛り込まれていた。このように、法典はローマ法解釈の点で帝国の一体性を支えるものであると同時に、一体性を示すシンボルでもあった。実際、四三七年のウァレンティニアヌスの婚姻には西政府の高官たちが随行しており、テオドシウス二世は彼らに法典を授与する式典もコンスタンティノープルで執り行った。結婚と法典授与という二大セレモニーを通じて、東西帝国の絆の強さが改めて喧伝されたのである。この大式典の一年前の事前交渉では、ローマ市の元老院家系出身ながら、聖地エルサレムで修道生活を送ることを決意した小メラニアという女性がわざわざコンスタンティノープルに足を運び、同市を訪れていた親族のローマ元老院議員と再会したことも知られている。この逸話からも推し量られるように、この二大式典は帝国全体に名を轟かせるものであった。

さらに、四三八年の一月には、流刑の地で没したコンスタンティノープル司教ヨアンネス・クリュソストモスの遺体が都に戻される式典が執り行われ、テオドシウス二世自身がそれを迎え入れる儀式も執り行われた。クリュソストモスはアルカディウス帝の治世に名声を博したものの、皇妃も絡んだ教会政治の波に飲み込まれ、首都から追放され没した人物である。彼の人気は高く、その追放措置をめぐって、ローマ教会など西方も含めた帝国内諸教会の不和をもたらすことになった。しかし、その死没から約三十年の歳月を経て、遺体を首都に戻す式典を行ったのは、単にクリュソストモスをめぐる教会間の不和を回復する目的だけではなかったと思われる。

なぜなら、クリュソストモスの名誉回復自体は、アンティオキアやコンスタンティノープル宮廷などで部分的には既に行われていたからである。むしろ、この遺体搬送の出来事に際して、テオドレトスという人物がクリュソストモスの葬送演説を捧げている点が注目される。このテオドレトスは、コンスタンティノープル司教ネストリウスをめぐる論争で、親ネストリウス派の先鋒として活躍した人物であった。四三〇年代前半はネストリウス論争をめぐって帝国の諸教会が激しい抗争を繰り広げた時期であり、四三八年はこの論争がようやく収束しつつある時期であった。したがって、この遺体搬送の出来事は、単にクリュソストモスをめぐる過去の争いを決着させるだけでなく、クリュソストモスを称えるという、現世代が一致できる行為を通じて、現在の教会の統一性を再確認しようとした試みだったと考えられるのである。

このような一連のセレモニーを総括する形になったのは、四三八年の復活祭に合わせた皇妃エウドキアによる聖地エルサレム巡礼である。アウグスタ称号も得ていた彼女はアンティオキアなどの重要な東方都市をめぐった後、エルサレムで、娘の婚姻に関する感謝をキリストに捧げたという。同時に彼女は聖地で修道院を営んでいた小メラニアなどとも会談し、最終的に聖遺物を携えてコンスタンティノープルへの帰還を果たした。

同じ頃、軍事的にはガリア方面の戦線で帝国側の反撃がなされ、その他の諸戦線も安定し、帝国の勢威は回復されようとしていた。軍事的反攻、法典編纂、教会統一、神への感謝の品奉納という一連の活動は、百年後のユスティニアヌスの再征服活動（これについては第六章で改めて触れることにしよう）を先触れするものであった。

これら一連の活動に、テオドシウス二世の意思がどの程度関わっていたのかを実証的に裏付けることは難しい。しかし、結婚式、法典授与式、クリュソストモスの遺体送迎式典に関しては皇帝が主体的に儀礼に関わっていたし、エルサレム巡礼も皇妃がその主役を演じたことを思えば、皇帝の意思が皆無だったとは考えにくい。寵臣を突然退けるなど気まぐれなところはあるものの（ただし、それも皇帝の地位を脅かす可能性のある者など、特殊な事例である）、これだけの成果を上げた皇帝の人事能力は評価すべきであろう。四三一年のエフェソス教会会議では、皇帝がそれまで支持していたネストリウスを見放すという形になったが、以後、皇帝は反ネストリウスの姿勢で一貫した教会統一の姿勢を取っていた点も見逃すべきではない。一世紀後にほぼ同じことをしているユスティニアヌスには強い意志を認めながら、テオドシウス二世については優柔不断で惰弱だと解するのは不当だと筆者は思ってしまうのだが、これは贔屓目にすぎるであろうか。

## 儀礼の舞台としてのコンスタンティノープル

順調に進みつつあるように見えたテオドシウス二世の治世であるが、協約を交わしていた北アフリカのヴァンダル人たちが抜け目ない行動を取り、四三九年に北アフリカの中心都市カルタゴを落としたことで、事態は急変する。そして、テオドシウス二世にとって不運だったのは、ローマの有力な同盟者であったフン人の中から、強烈な個性を持つ指導者アッティラが台頭したことであった。統率力に優れたアッティラは、東政府と西政府の軍事的な空隙を狙って、両政府をそれぞれ恫喝し、掠奪を中止する見返りに多額の金を得た。このような北方の軍事的緊張もあり、かねて計画されていたヴァンダル人に対する北アフリカ遠征も中止を余儀なくされたのである。

さらに予定外だったのは、一度は収束した教会内の教義論争が再発したことである。教会の和解に尽力した聖職者たちが世を去り、次の世代の教会指導者たちが登場すると、改めてネストリウスの教義をめぐる争いが生じたのである。皇帝は再びエフェソスの地に教会会議を開催し、今度は断固として、過去の決定を強硬に追認する。しかし、あまりにも強引な議論の決着のさせ方は、ローマ司教をはじめ、反発の芽を各地に残すことになる。

テオドシウス二世の治世末年にはコンスタンティノープルを猛烈な地震が襲った。その規模は都の市壁の一部が崩れてしまうほどで、アッティラの脅威にさらされていた中での壁の崩壊は市民たちにも大きな衝撃をもたらしたらしい。テオドシウス二世は何日間も裸足で市内を歩きまわりながら神の赦しを願う祈りを捧げ、元老院、聖職者団、市民団が皇帝に随行したという。これらも衷心から出た行為であるとともに、その行進を目撃したり、参加したりする人心を宥めるた

テオドシウス２世が建てた城壁。現イスタンブール

めの儀礼であった。その甲斐あってか、市壁の修復は迅速に進められ、当座の安心は保たれた。しかし、フン人、ヴァンダル人らの脅威は根本的には除かれぬまま、テオドシウス二世は狩猟中の事故で突然の死を迎える。享年四十九であった。

アルカディウスとテオドシウス二世の統治スタイルの変化は、コンスタンティノープルの形をさらに大きく変えることになった。なぜなら、皇帝が儀礼を展開するための様々な空間を整える必要があったからである。並行して、ヴァレンスやテオドシウス一世以来、首都では大量の人々を養うための港湾、倉庫、貯水槽、水道などのインフラが着実に整えられていった。既にテオドシウス二世の治世当初に、市には新しい城壁が作られていた。コンスタンティヌスの築いた壁からさらに西方に作られたテオドシウスの城壁は現在でもイスタンブール市内にその威容を誇っている（写真）。この市壁は外敵に対しては一千年後のオスマン帝国の侵攻まで首都を守り続けることになった。この壁は単に防衛のためだけでなく、西方に市域を拡大する形で作られたことからも分かるように、コンスタンティノープル市の発展に対応したものでもあった。市壁内には新興貴族たちの邸宅が陸続と建てられるとともに、市の人口を養うための大型貯水槽や畑なども多く作られた。また、皇帝の日々の生活を範とするかのように、教会や修道院も作られるようになっていた。五世紀になると首都ローマを模倣して、市全体は十四の地区に分けられ、以下のような規模で施設・公共スタッフを擁したことが同時代史料から知られている。

宮殿五、教会十四、神々しきアウグスタたちの邸宅六、いとも高貴なる邸宅三、公共浴場八、会堂二、公共広場四、元老院議員会館二、倉庫五、劇場二、遊技場二、港四、戦車競走場一、貯水槽四、噴水四、通り三百二十二、邸宅四千三百八十八、列柱廊五十二、私設浴場百五十三、公営パン屋二十、私営パン屋百二十、パン配給壇百十七、肉市場五、〔地区〕管理官十三、〔地区〕公共奴隷十四、〔消防〕組合員五百六十、街区長六十五、紫斑岩柱一、内部に階段を持つ柱二、巨像《コロッスス》一、黄金四面門一、アウグステウム〔広場〕一、カピトリウム一、造幣局一、渡し船の波止場三。(『コンスタンティノープル市要録』十六)

市を東西に貫く中央通りは、町の東端の宮殿から始まり、コンスタンティヌス広場、テオドシウス一世の広場、アルカディウスの広場など、記念柱をシンボルとする公共空間を抜けて、黄金門と呼ばれる壮麗な門のところでテオドシウス城壁に達した。そして、さらにそこから市外へ進むこと七里程のところでヘブドモンと呼ばれる軍事演習場に辿りつく。これらの儀礼空間を整えた都は、テオドシウス二世の急死の後に様々な困難を迎える「東ローマ帝国」の中で、比較的安定した皇帝の登場を可能にすることになる。その機能については次章で見ることにしよう。コンスタンティノープルはその中に元老院議員となった帝国のエリート層たちを抱えるとともに、主だった施設も整えられ、まさに帝国の支配を象徴する都に変容しつつあった。

第五章

# 合意形成の場としての都

## 「西ローマ帝国の滅亡」

ローマ帝国における五世紀後半の出来事としてまず念頭に浮かぶのは、おそらく四七六年の「西ローマ帝国の滅亡」であろう。隆盛を誇ったローマの衰退は、古代と中世を画する時代の分かれ目とされるとともに、なぜ巨大な帝国は滅びたのかという衰亡原因論を惹起することになった。挙げられてきた衰亡原因たるや数百にものぼると言われている。他方で、「東ローマ帝国」はこの後も千年近く命運を長らえることになり、この東西の運命を分けた原因は何かという問題も多くの研究者の関心を引いてきた。

本書は、この大きな問題を正面から取り扱うものではない。しかし、首都ローマとコンスタンティノープルという二つの町に着目しながら、「衰亡」のイメージによって見えなくなりがちな、帝国の社会変容と首都の果たした役割を、本章と次章で考えていきたい。そのことによって、東西の運命を分けたものが何であったかの答えについても、ヒントが得られると考えられるからだ。もちろん古代帝国の滅亡というテーゼそれ自体が時代を問わず人々の関心を引くものであることは間違いない。それでも、そもそも四七六年の事件が何を意味するのかということはもう少し考えてみる必要があると思える。

この年に何が起こったかというと、西政府の有力軍人であったオドアケルという人物が、それまで帝位に就いていた幼帝ロムルス・アウグストゥルスを廃位し、皇帝の標章を東政府に返還したのである。「滅亡」という刺激的な言葉が想起させるような、戦争で町が攻略されたり、国がなくなったりといった破滅的な出来事ではなかった点に注意されたい。オドアケルはローマの軍人として活躍した後、元老院から統治を承認されていたので、ゲルマン人によるローマの征服といった出来事でもなかった。ローマの元老院は依然として健在であり、西方を担当するローマ皇帝を名乗る人物（東政府からの支持を得ていた）はアウグストゥルスの他にもバルカン半島にいたので、あくまで首都ローマの元老院とそこに駐屯する軍隊が独自に皇帝を擁立することをやめたというのがより正確な説明である。その意味では、四七六年はローマ国家の滅亡の年では全くない。語弊を承知で敢えて言えば、ローマ市は元老院と市民たちと傭兵軍から成る新しい国家体制を模索し始めたのである。

それどころか興味深いことに、オドアケルの統治期になるとローマの元老院議員たちの活発な活動が確認される。年にその名を残すコンスル職については前章で触れたが、オドアケルの統治下、そしてその後にイタリアを支配する東ゴート王国の下では、ローマの元老院議員たちが積極的にコンスルに就任していたことが確認されるし、彼らは王を名乗ったオドアケルや東ゴートの君主たちを補佐して、政治の舞台で活躍した。とりわけ『哲学の慰め』という著作を残したボエティウスが有名であるが、ほかにも多くのイタリア貴族たちが王の宮廷で活躍し、その中には華々しい著作を後代に残した者もいる。言うなれば、イタリアの主体的な活動が再来するのが、皮肉なことに「西ローマ帝国が滅亡」してからなのである。

実際、我々は無条件のうちに、ローマは帝国であるという意識が働きがちであり、それ以外の政体の可能性を考えることはほとんどない。しかし、原理的には共和政や王政に戻っても構わないはずなのである。また、第一章で述べたように、我々のローマに対する視点はいつの間にか都市から皇帝に移ってしまっており、この点も客観的にイタリアの状況を分析する上での障害をもたらしている。いったい誰にとって「西ローマ帝国は滅亡」しなければならなかったのか。この問いかけこそが本来は問われるべきなのかもしれない。そして、その答えはいつの時代の「誰」なのかによって、変わってくることだろう。この問いは次章に関わることなので、また改めて取り上げることにするが、本章では五世紀後半に政体をめぐって、どのような政治的葛藤が地中海世界で起こったのかを、都に着目しながら、概観していくことにしよう。

## テオドシウス二世死後の混乱

テオドシウス二世は四五〇年に狩猟の最中の事故で不慮の死を遂げた。彼には息子はおらず、ローマ帝国に残されたのはその女婿で親族にもあたる西帝ウァレンティニアヌス三世だけであった。ところが、東の宮廷は、ウァレンティニアヌス三世との事前の協議もせずに、独自の政治的動きを見せる。純潔宣言をしてから三十五年強になる、テオドシウス二世の姉プルケリアが再び政治の舞台に現れ、マルキアヌスという人物と、あろうことか、結婚をしたのである。このマルキアヌスこそがテオドシウス二世を継ぐローマ皇帝として擁立された人物であった。彼もプルケリアも比較的高齢だったので、この結婚は肉体的な目的によるのではないことが強調された。貨幣には、キリストが二人を結び合わせるという極めて珍しい図像が施された。このデザイン自体は、テオドシウス二世が娘とウァレンティニアヌス三世をめあわせるという図像を援用したものであるが、キリストを持ち出す独創性からも、プルケリアの結婚とそれに伴う帝位継承の持った政治的意味合いの大きさが窺われる（写真）。

当然ながら、気分を害したのはウァレンティニアヌス三世である。西政府はこの後数年間、マルキアヌスを公式に皇帝と認めることはなかった。その一方で、マルキアヌスの方は自らの正統性を示すために様々な活動を行うことになる。テオドシウス二世のとった不人気政策を転換して、元老院議員への気前良い恩典付与、フン人に対する強硬策など、国内の有力者受けの良い施策を進めた。その一環として挙げられるのが、後に第四回世界公会議として記憶されることになるカルケドン教会会議（四五一年）である。

ウァレンティニアヌス３世の婚姻を表した肖像（左）と、マルキアヌスとプルケリアの婚姻を表した肖像（右）。仲立ちの人物が左では皇帝テオドシウス２世なのに対し、右ではキリストになっている

前章で述べたように、テオドシウス二世の治世末年にはネストリウスの教説をめぐる論争が再燃した。この論争は、アレクサンドリア司教ディオスコロスを支援する皇帝の指示のもとで四四九年に開かれた二度目のエフェソス教会会議で、ネストリウスに親しいとレッテルを貼られた勢力を一方的に弾劾する形で決着がつけられた。そのため、会議の進め方とその結果について、ローマ司教をはじめ、一部の教会指導者に大きな不満が残っていた。マルキアヌスは、四四九年のエフェソス会議の議事進行の問題を調査するとともに、信仰に関して起こっている様々な問題を解決させることにした。その中には正統信仰とは何かを定めた信条を文字に記させるという議題もあった。この議題は、司教たちの度重なる反対の声にもかかわらず、強硬に押し進められ、後代にカルケドン信条と呼ばれる信仰の定式を

表　ここまでに取り上げた教会会議

| 開催年 | 開催地 | 主催した皇帝 | 内容 |
|---|---|---|---|
| 325 | ニカイア | コンスタンティヌス | ニカイア信条の採択 |
| 381 | コンスタンティノープル | テオドシウス1世 | 「西」への対抗。「アリウス派」を退け、ニカイア信条に沿って正統信仰を定義 |
| 431 | エフェソス | テオドシウス2世 | ネストリウスが弾劾される |
| 449 | エフェソス | テオドシウス2世 | アレクサンドリア司教ディオスコロス側がテオドレトスらを弾劾 |
| 451 | カルケドン | マルキアヌス | 449年エフェソス会議の見直し。ディオスコロスが弾劾される。正統を定義するカルケドン信条を採択 |

生み出すことになる。

さて、マルキアヌスはこの教会会議を本来は小アジアのニカイアで開催する算段であった。ニカイアはコンスタンティヌス帝が帝国初の大規模な教会会議を開いた場所であったから、マルキアヌスが同じ場所に教会会議を開くことでコンスタンティヌスの権威を継承しようとしたことが見て取れる。結局、ニカイアでは議事が帝国当局の制御できない方向に進む可能性があったため、制御の取りやすいカルケドンに開催地は変更された。カルケドンの会議に参加した司教たちは、会議に列席したマルキアヌスを「新しいコンスタンティヌス」、新帝の妻プルケリアを、コンスタンティヌスの母ヘレナと歓呼し、夫婦のキリスト教的敬虔さが強調された。

カルケドン会議は、「単性論」論争と呼ばれる教理論争と結びつけられ、しばしばエジプトのアレクサンドリア教会を中心とした一派と、シリアのアンティオキア教会を中心とした一派との神学的な争いが展開したと説明される。実際、この会議では後者を支持する判定が出され、後にコプト教会として知られることになるエジプト教会の分離を生み出すことになった。カルケドン会議をめぐる教会の分裂状態は、現代に至るまで修復されぬまま引き継がれ、キリスト教世界の統一に大きな難題をもたらすことになる。

このように、教会会議というと、教理をめぐる神学的議論ばかりが戦わされたという印象が与えられがちである。しかし、カルケドン会議については膨大な議事録が残されており、その内容を見ていくと、争われたのは神学的な問題ばかりでなく、行政的な問題も多くあったことが分かる。教会会議の開催が皇帝の権威の発揚にもつながったように、当時の宗教問題は世俗の統治にも密接に関連していたのである。議事録の参加者リストを見るかぎり、カルケドン会議に参加した司教たちの大半は、その二年前の第二回エフェソス会議にも出席していた。しかし、弾劾する対象の司教など、その判定の結果が正反対のものになった点は特徴的である。参列者がほとんど同じ中で異なる結果が出たことの背景として、会議を主催した行政側の体制変化（テオドシウス二世からマルキアヌスへの政権交代）があったと考えるのは妥当であろう。このように皇帝の意向を強く受けた教会会議で、首都コンスタンティノープルのあり方も大きな議論の対象になった。以下、カルケドン会議の残した様々な問題を首都との関連で見ていくことにしよう。

## カルケドン「第二十八規定」

カルケドン会議では、キリスト教共同体の秩序を定める教会規則が取り決められた。その中で、コンスタンティノープルに関わるものとして有名なのが「第二十八規定」と呼ばれるものである。それは、コンスタンティノープル教会をローマ教会に次ぐ存在として位置づけたからである。そして、その根拠として、世俗のコンスタンティノープルの権威が挙げられている点も目を引く。少し冗長になるが、まずその文言を見てみよう。

我々はあらゆる点で聖なる父たちの決定に従い、あわせて、故テオドシウス大帝〔＝一世〕のもとで王の町にして新しきローマたるコンスタンティノープルに〔三八一年に〕集められた、神に親しき百五十人の司教たちの、今しがた朗読された規定を認めているので、同じ決定を我々も、新しきローマたるコンスタンティノープルのいとも神聖なる教会の特権について決定するものである。というのも、古きローマの座に対しては、その町の支配権に鑑みて、父たちはふさわしくも特権を与えた一方で、同じ意図に突き動かされて、神に親しき百五十人の司教たちは新たなるローマのいと神聖なる座に同等の特権を割り当て、理に従って以下のように判断したからである。すなわち、支配権と元老院によって飾られた都〔＝コンスタンティノープル」が、王の町たる古きローマと同等の特権を享受し、教会に関する事柄でもローマと同じように尊厳を持ち、ローマに次ぐ存在となるべきである、と。その結果、ポントゥス管区とアシア管区とトラキア管区についてはその管区大司教《メトロポリタヌス》のみが、さらに蛮族たちの間で活動する場合には前述の管区に属する司教たちもが、上述のいとも神聖なるコンスタンティノープルに座を占めるいとも神聖なる教会によって叙任されるべきである、と。無論、神聖なる教会規定に命じられているように、先述の管区のそれぞれの管区大司教は、自らの州の司教たちと協力して、自らの地区の司教を叙任することになる。また、既述のように、先述の管区の管区大司教はコンスタンティノープル大司教によって叙任されるが、その際に慣習に従って合意の決議が作られた上で彼に報告されること。（『カルケドン公会議議事録』ラテン語版第十六部会八、ギリシア語版第十七部会八）

決議の主眼は、小アジアの大半を占めるポントゥス、アシアの管区大司教、そしてバルカン半島東北部のトラキア管区の大司教をコンスタンティノープルの司教が叙任する一方で、それぞれの管区内の諸都市の司教は各管区大司教が叙任するというように定めたことにある。一見すると、教会のヒエラルキーを定める秩序だった規定のように思えるが、この規定に様々な問題が孕まれていたことはカルケドン会議で戦わされた数々の議題やその後の余波などから知ることができる。

## 教会の秩序とローマ理念

そもそも、キリスト教の教会は各地方で独自の発達を遂げてきた。伝統のあるシリアのアンティオキアやエジプトのアレクサンドリアの教会は周辺地域に対して大きな権威を持ち、とりわけ司教の叙任、すなわち世俗風に言えば、人事に関して影響力をふるった。だが帝政前期では、明確な教会ヒエラルキーはなく、各都市の教会ごとの自立傾向は強かった。しかし、コンスタンティヌスがキリスト教会を後援し、以後の皇帝たちも基本的にその方針を追認した結果、キリスト教会は、ローマの州行政の制度に倣ったヒエラルキーを構成するようになっていく。その結果、各州の中心都市（メトロポリス）の教会がその州の都市の教会を統制する慣習が徐々に確立されていく。各都市の教会が遺贈や寄進により、財を蓄えるにつれて、都市の代表的な組織となったことで、都市と教会のヒエラルキーの並行関係はさらに強まった。

このため、世俗の行政構造に変化が生じるとそれを口実に教会の力関係が変わることがありえた。カルケドン会議で論じられた問題の中には、都市の支配下にあった村落が、皇帝の勅許によって都市に昇格をすると、その昇格都市の教会に対して州の中心都市の教会が新しく管轄権を主張した。このため、かつて村落を支配下に置いていた都市と、州の中心都市との間で争いが起きた（図A）。他にも、皇帝が州の第二位の都市に中心都市（メトロポリス）の名誉称号を与えたこ

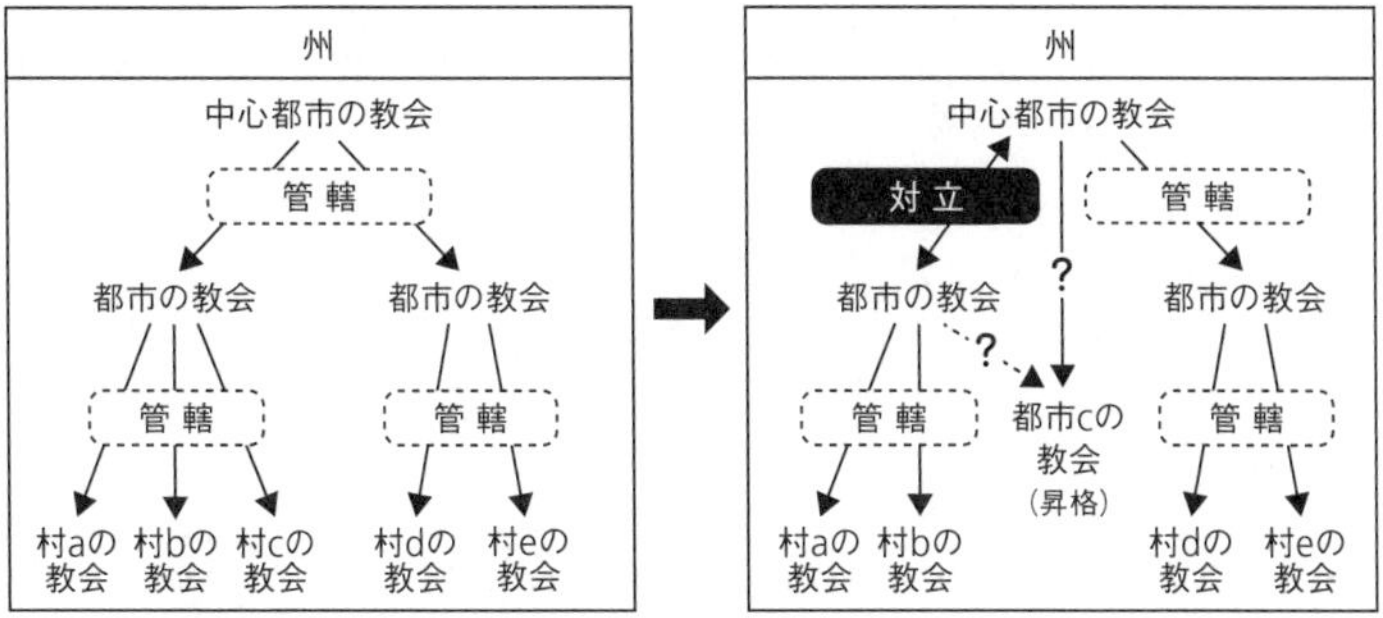


**図A　昇格都市をめぐる中心都市の教会と周辺都市の教会の対立**

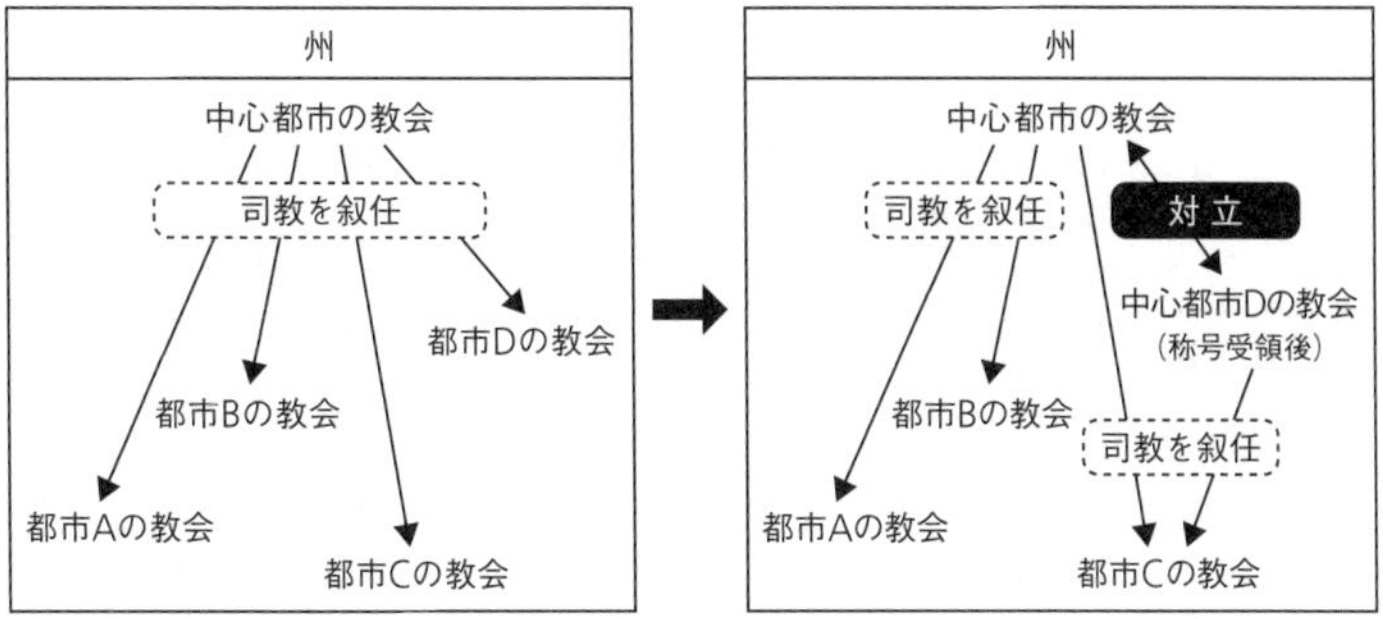


**図B　名誉称号授与で生じる中心都市の教会間での叙任権争い**

とを機として、その第二位の都市が州内の近隣都市に対して叙任権を主張したため、元々の中心都市との間に係争を抱えることとなった（図B）。叙任の問題は、候補者選抜に際して金銭や物品のやり取りも関わるものであったため、教会の人事・財政的な面からも大きな係争の種となったのである。

　そのような中で、コンスタンティノープルの周辺地域への介入姿勢はとりわけ問題となった。前述の「第二十八規定」では、コンスタンティノープルは自らが属するトラキア地方の管区大司教のみならず、小アジアのポントゥス管区やアシア管区に対しても管区大司教の叙任権を主張しているが、実はこれはコンスタンティノープル側が譲歩した上での案であった。なぜなら、五世紀前半には小アジア各地の都市の司教が、管区大司教を飛び越えて、コンスタンティノープル司教によって叙任されている事例がいくつも確かめられるからである。カルケドン会議でのコンスタンティノープル側の主張は、管区大司教の叙任に限っていることや、その叙任に関しても、州内の司教たちの「合意の決議」に基づくとしている点で大幅に譲歩したものであった。しかし、三二五年のニカイア会議の時には完成してもいなかったコンスタンティノープルが、それまでの教会規定にはまったく定められていなかった叙任の権限を、司教たちの会議によって公式に承認してもらおうとしたのは極めて野心的な行為であった。そして、その根拠は「第二十八規定」にもあるように、テオドシウス一世のもとで開かれた三八一年のコンスタンティノープル教会会議の決定と、「支配権と元老院によって飾られた都」とあるように、帝権と元老院の権威に基づいた第二のローマとしての主張だったのである。

第三章で述べたように、テオドシウス一世の治世初期に開かれたコンスタンティノープル教会会議は、必ずしも広く知られていたものではなかった。テオドシウス二世も第二回エフェソス会議の開催を命じる指示書の中で、参照されるべき教会会議として、ニカイアとエフェソス（第一回）しか挙げておらず、当の首都においてすらコンスタンティノープル会議は十分に認知されていたとは言い難い状況だったことが裏付けられる。

しかし、コンスタンティノープル教会会議の権威を主張するカルケドン会議の姿勢はこの規定に限られた話ではない。より重大なところでは、教義に関わる信条の策定にあたっても、同じ三八一年のコンスタンティノープル会議で定められた信条が、ニカイア会議の信条とあわせて、信仰の基礎として重視されたのである。このコンスタンティノープル信条は、ニカイアの信条を補足するものとして理解されたので、コンスタンティノープルで定められたものでありながら、それ自体ニカイアの信条として知られるようになっていくものである。そして、元来のニカイア信条がいささか簡潔すぎて、神学的に不足があったのとは異なり、コンスタンティノープルの信条はキリスト教入信者に授ける教理問答でも用いられるようになるなど、広い影響力を持つようになり、現在でも教会の典礼で用いられている。しかし、繰り返しになるが、このコンスタンティノープル会議の信条や決定は五世紀の半ばまではそれほど有名なものではなかった。その知名度が広まっていくのがカルケドン会議なのである。その背景には、ローマ帝国の権威を背景に、首都の権威をさらに高めようとするカルケドン会議での首都教会の姿勢があった。

## 神話的過去の利用

カルケドン会議においてコンスタンティノープル教会が押し出した主張の特異性は、他の有力な教会が当時自らの権威を高めるために展開していた主張と対比することで際立ってくる。もちろん、世俗行政の地位を基にして権威を主張する姿勢は他教会にも見られた。しかし、それ以上に一般的だったのは、キリスト教の伝承・歴史、それと関連する慣例・慣習に基づいた主張であった。ここでは、特にコンスタンティノープル教会の主張により、最も大きな影響を受けるアシアの大都市エフェソスの教会がどのような主張をしたかを見ていこう。

エフェソスは、古くから古代世界の経済・金融の中心地として繁栄を謳歌した町であり、ローマ支配下に置かれても、州行政の中心地として、高い権威を持っていた。帝政前期までは、町の守り神であるアルテミス女神は霊験あらたかであるとして、帝国各地で崇敬され、その神殿は古代世界の七不思議（この「不思議」とは、見ると驚くもの、見るべき名所というほどの意味）に数え入れられるほどであった。都市の発達していた小アジア西部ではほかにもペルガモン、スミュルナなどの錚々たる町が繁栄を誇っており、これらの都市間ではヘレニズム時代以来、名誉的地位をめぐる争いが頻発していた。その一端はローマ法の法文からも知られる。

〔州に〕入る時には彼〔＝州総督〕は次のことも遵守せねばならない。すなわち、そこから〔州に〕入るのが慣わしとなっている地域を通って入ることを、そして、いかなる都市に最初に来訪ないし寄港するとしても、ギリシア人たちがエピデーミア〔直訳は「来訪」〕とかカタプルース〔直訳は「寄港」〕と呼ぶものを守ることを。なぜなら、州民たちはかかる慣習やこの種の特権が維持されることを重視するだろうから。一部の州には、州総督がその州に海路で来なければならないとまでするものもある。例えばアシア〔州〕がそうで、我らの皇帝アントニヌスがアシア人たちの要望に応じて、次のような義務を州総督に課すまでに至ったほどである。すなわち、総督は海路でアシアに寄港し、メトロポリスのなかでも第一にエフェソスに着くようにと。（『学説彙纂』第一巻第十六章第四節第五法文）

名誉の序列などたいしたことではないと現代人には思われるかもしれないが、これは祭典や裁判所の誘致、ひいては人の移動などにも関連して経済活動にも影響の及ぶものだったと言えば、少し見方が変わってくるだろう。そして、かかる名誉を獲得する上で、その気候風土、充実したインフラ、住民の徳性などが都市にとって重要な根拠となったが、歴史的伝統と聖域の威光はその中でも大きな意味をもっていた。帝政前期に皇帝崇拝の神殿を誘致するために、アシアの諸都市がローマの元老院でそれぞれ主張を行うときもこのような神話的過去が重視された。その様子を伝える歴史家タキトゥスの筆を見てみよう。

真っ先にエフェソスの市民が登場し、次のように語った。ディアナ〔＝アルテミス〕とアポロの兄妹神は、一般に世間で信じられているようにデロス島で生れたのではない。自分たちの土地には、ケンクリオス川が、オルテュギアの杜《もり》があり、まさにそこで女神レトは身重だったときにオリーブの木——当時もまだ残っていた——にもたれかかって、かの兄妹神を出産した。それで神々の忠告により、この杜が免罪聖域とされたのだ。アポロ自身もキュクロプスを殺して後、ユピテルの怒りを逃れてここに来た。ついでリベル・パテル〔＝ディオニュソス神〕は〔アマゾンたちとの〕戦の勝者となると、アマゾンたちがこの杜の祭壇に座を占めて嘆願したので、彼女らを許してやった。さらに下って、ヘルクレスがリュディアの主となった頃、彼の認可によってこの杜の神聖さはいよいよ増した。ここの免罪特権は、ペルシア人が支配した時代にも侵害されなかった。次のマケドニア人も、その後の我々〔＝ローマ人〕も、それを守ってきた、と。（タキトゥス『年代記』第三巻六十一章、国原訳を一部改変）

興味深いことに、エフェソスの人々は自分たちがアルテミス女神を崇拝していることの正統性を示すために、ギリシア神話を我流に解釈し、通例ならエーゲ海に浮かぶデロス島とされる女神の出生地を、自分たちの町の近郊に移しているのである。それにあたって、いわゆるギリシア神話が、一つの筋書きしかない固定された物語ではなく、語りの必要に応じて柔軟に改作される余地のある素材であったことが重要な役割を帯びている。

ヘレニズム時代、そしてそれを引き継いだローマ帝政前期の時代はギリシア神話の伝統を各都市が共有し、それをもとにして都市間の「国際政治」が展開されていた。有名なローマの建国神話を伝えるウェルギリウスの『アエネイス』も、トロイア戦争の後日譚という形でギリシア神話の伝統に接続するものであったことを想起されたい。そして、このような神話的過去の利用は、キリスト教が普及するようになった帝政後期でも見られる現象であった。ただし、今度はギリシア神話ではなく、キリスト教の伝承・歴史をもとにして、類似のことが行われるのである。

## 並行する二つのヒエラルキー――都市の名声とキリスト教

キリスト教の伝承や歴史は聖書によってまとめられているので、ギリシア神話よりも改作の余地がなかったと思われるかもしれない。しかし、現実には、古代社会では様々な民間説話が広まっており、これらがむしろ多くの人々の世界観を作り上げていた。そして、聖書で語られる歴史物語は、そこに登場する人物たちのごく限られたエピソードしか扱っていないので、様々な物語を付加する余地があった。キリストは幼年時代をどのように過ごしたか、あるいは十二使徒たちは具体的にどのような宣教活動を行ったのかといった話などはその例である。物語の登場人物も、殉教者をはじめとして、聖書に収録されていない多数の聖人を受け入れる余地があったし、しかも、その歴史的実在性は必ずしも問題とされなかった。重要だったのはその物語の魅力と、同時代人にとっての信憑性だったのである。この点ではギリシア神話の改作と違いはなかったのである。

再びエフェソスを例とすれば、この町はキリスト教史の中では、聖母マリアが晩年を過ごし、福音書記者ヨハネが長く逗留した町として知られていた。このため、エフェソスではとりわけ聖

「眠れる七聖人」を描いた16世紀ペルシアの写本

母崇拝が盛んであった。テオドシウス二世の治世に聖母マリアの称号をめぐるネストリウスの主張がエフェソスで議論にかけられたのは、このような伝統と町の政治的影響力が重なってのことであったろう。加えて、五世紀の半ば頃には、エフェソスを舞台とした「眠れる七聖人」というキリスト教迫害時代の聖人伝が地中海世界に広く流布することになった（図版）。この伝説の別バージョンは後にイスラム教の聖典コーランにも収録されるほどの知名度を誇ることになる。

エフェソス教会はキリスト教伝承、聖人伝説、そしてエフェソス教会会議といった歴史的過去を基礎にしながら、その主張を強めていった。このため、テオドシウス二世の治世末期には、コンスタンティノープル教会のアシアへの介入を止めるような勅答も皇帝から得ることに成功している。キリスト教伝承を基にした主張は、エルサレム、アレクサンドリア、アンティオキアなど伝統ある東方の教会はもちろんのこと、ペテロとパウロという二人の使徒と歴史的関連性を持つローマ教会にも見られるようになる。この二人の偉大な使徒が布教して殉教した土地であることを根拠に自教会の卓越性を喧伝し、他地域への広範な干渉を正当化するローマ教会の論理は時代の産物であった。

これに対し、ビュザンティオンという都市から成りあがったコンスタンティノープルには誇れるようなキリスト教的過去はほとんどなかった。せいぜいのところ、地元のマイナーな殉教者などに限られたのである。したがって、皇帝、そして、それに追随した有力者たちによって都に招来された聖遺物は、コンスタンティノープルにとってはかけがえのない文化的・政治的資産となった。しかし、カルケドン会議でのコンスタンティノープル教会はこのような乏しいキリスト教伝承ではなく、テオドシウス一世のもとで開かれたコンスタンティノープル教会会議とローマ帝国の権威に縋ったのである。それは同時に、キリスト教の伝統を主張できる複数の有力な都市の緩やかな連合だった共同体に、別の論理をもった都市が闖入《ちんにゅう》し、ヒエラルキーを築こうとした動きとも捉えられる。これは、もちろん教会のヒエラルキーの話である。しかし、教会が都市の代表的な組織となり、キリスト教の世界観が広まりつつある地中海世界にあっては、教会にとどまらない次元での世界観の対立だったと言えるだろう。

では、カルケドン会議ではこの二つの論理対立はどのように決着しただろうか。まず、この会議ではエフェソス司教の叙任権についても議論がなされ、果たしてコンスタンティノープル教会に叙任権があるのか、それともアシア州の諸教会の会議に決定権があるのかが議論されていた。かかる議論にあって、アシア州の自立的な叙任を認めずに、コンスタンティノープルの優位に賛同する小アジアの教会が多数あったことには注意を要する。実際、教会行政の諸問題に加え、おそらく世俗の問題も関連して、司教たちが宮廷を訪れるという事態は四世紀から散見された。この結果、コンスタンティノープルに宮廷が定着して以降、各地の司教たちがコンスタンティノープルに滞在中に同地の教会で会議を開き、コンスタンティノープル司教の司宰のもとで様々な議決を下すことがあった。このように、中小都市の司教たちの間にはコンスタンティノープル司教の権威を認める土壌ができつつあった。これは、「第二のローマ」という首都理念に対する地中海世界諸教会の態度を示すものとして意義深いものである。

一方で、教会伝統のある地域、とりわけ勢力のある大都市の教会は、コンスタンティノープルの台頭に反発を示した。したがって、「第二十八規定」に話を戻せば、当初小アジア諸都市の教会に叙任権を行使していたコンスタンティノープルはこのような反発を前に譲歩せざるを得ず、管区大司教だけに叙任権を限定し、さらにそれに際しても州の諸教会の決議を尊重することとなった。その譲歩と引き換えに、教会的伝統の乏しかったコンスタンティノープルは近隣諸管区に対する卓越した地位を正式に手にしたのである。かくして、カルケドン会議はコンスタンティノープルの特権的地位が認められる一方で、各地域の教会間に様々な軋轢を残した。とりわけ、この会議でアレクサンドリア司教ディオスコロスが弾劾されたことで、エジプトの諸教会は会議結果に強い不満を持った。パレスティナの諸教会も同様に反発の姿勢を示し、会議結果を承認したエルサレム司教が自らの町に戻ることができないほどの騒擾が数年間続いた。カルケドン会議はローマ司教の教書を尊重していただけに、会議の結果を快く受け入れると見込まれていたローマ教会でさえも「第二十八規定」の内容には懸念を示し、会議結果を承認するまでには時間を要した。「第二のローマ」という理念を大々的に持ち込んだカルケドン会議は、帝国秩序に関する諸地域の思惑の違いを浮かび上がらせる形になったのである。

### 皇帝即位の場

波紋を投じたカルケドン会議から二年が経って、プルケリアが亡くなり、さらにそれから四年後にはマルキアヌスも死去した。皇帝には息子がいなかったので、再び後継帝の選択が問題になったが、白羽の矢が立ったのは、レオという軍人だった。このレオ帝の即位に関わる一連の儀式については、史料から詳細が伝えられており、そこからはコンスタンティノープルでどのような集団が式典に参加したかを知ることができる。少し長くなるが、その儀式の流れを見ていくことにしよう。

即位式の始まりの場は、コンスタンティノープルから七マイル程離れたヘブドモンである。史料ではこの場所は「カンポス」と呼ばれている（地図）。ローマ市のカンプス・マルティウス（マルスの野。なお、カンプスは大学に使われるキャンパスの元になった語である）にちなんだ名前が与えられ、軍の閲兵所としての性格を持っていた。ウァレンス帝の即位の地として第二章の末尾で触れたのもここである。即位式には兵士たちだけでなく、現職の高級官僚やコンスタンティノープル司教も立ち会っていた。元老院から選抜されたレオ帝はこのヘブドモンの演台に登り、兵士たちの歓呼を受け、帝冠を授けられた。そして兵士たちと言葉を交わした後、首都長官や道長官という帝国高官に対する授権の式典も行われる。レオ帝はさらに教会の代わりとして設えられたテントに赴き、司祭の司式のもとで神への祈禱を行う（なお、司教は皇帝を迎えるために先に首都の教会へ戻っていた）。これは、死の直前まで洗礼を受けなかったコンスタンティヌス帝が幕屋のような独自の祈禱所を利用していたという証言を考え合わせると、四世紀以来の伝統を残すものかもしれない。レオ帝はその後にヘブドモンにあった洗礼者ヨハネ教会にも赴き、捧げものを献呈している。

ヘブドモンでの一連の儀式を終えた皇帝は白馬にまたがり、コンスタンティノープルへと戻る。市の西南の黄金門から入市したであろう皇帝は、アルカディウス広場近くにあった宮殿でそれまでの軍装から市内での装束に着替えた後、車駕《しゃが》に乗り込み、そこからは新たに加わった十字架に先導されながら市内の行進を続けていく。そして、コンスタンティヌス広場に着くと、皇帝は車駕から降り、首都長官と元老院議員たちからの出迎えを受け、黄金の穀物計量器を受領し、挨拶を交わす。

その後、旧市街へ入った皇帝はまず大教会ハギア・ソフィアに向かい、司教の司宰のもとで儀式を行い、神への奉納と、聖職者への施与を行う。次いで、皇帝は宮殿へ向かい、そこで元老院議員たちや警備の兵士たちの出迎えを受けた後、宮殿内の各部屋で帝国高官たちや宮廷官僚たちとともに段階的に儀礼を行っていくことになる。その中には、宮廷官僚たちが皇帝に対する陰謀を企まないことを誓わせる儀式も含められている。

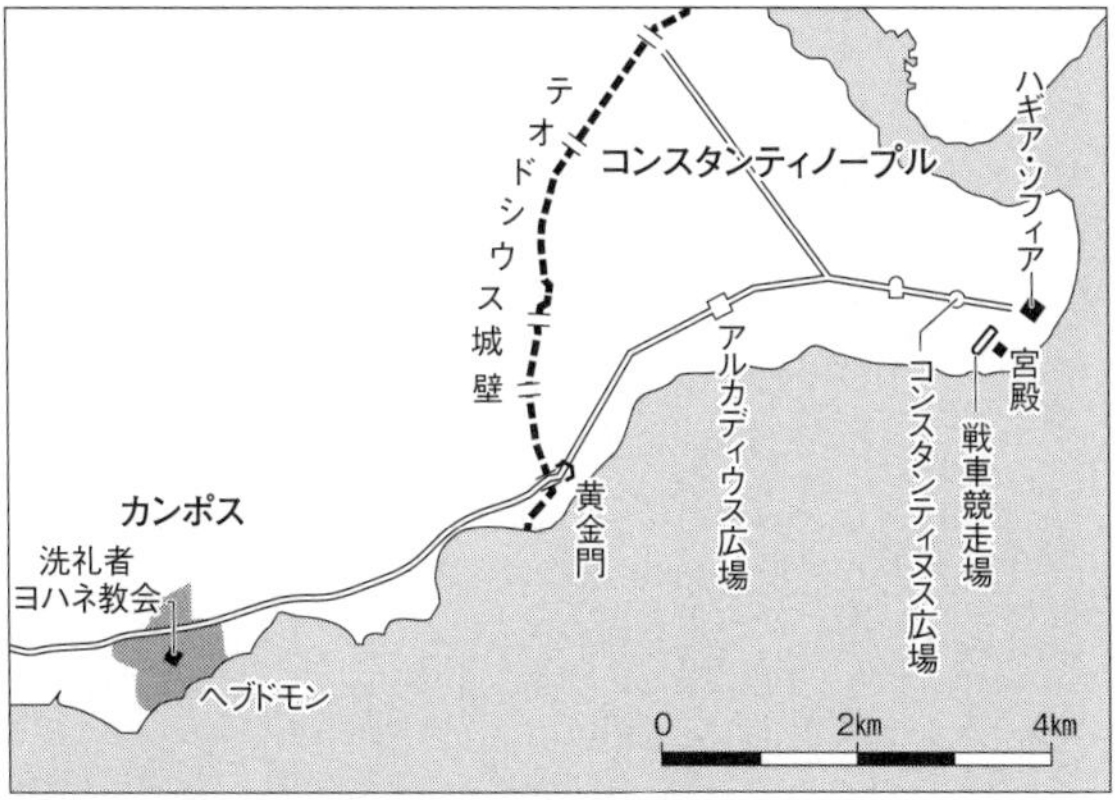

レオ帝の即位式が行われた各所の見取り図

レオ帝の即位とは異なり、市内での儀礼となるが、五世紀末のアナスタシウス帝、そして六世紀初頭のユスティヌス帝についても即位にまつわる儀式の場面が伝わっている。前者の場合、高官や元老院議員たちの間で皇帝選抜がまとまらなかったため、先帝の妃の指名でアナスタシウスが選ばれた。彼は、宮殿で高官や元老院議員たちと会見を行い、司教も出席する中で、現在抱えている個人的係争をもとに誰かに危害を加えることをしないと厳かに誓った。それから、戦車競走場に向かった帝は、装束を皇帝のものに着替えた後、居並ぶ兵士たちや市民たちの前に姿を現し、盾の上に持ち上げられるなどの即位儀礼を行った。その後、司教からの祈禱を受けた帝は、再び戦車競走場の大衆の前に姿を現し、彼らの歓呼の中で施政方針や賜金の約束などを宣言する。それを終えると、教会に向かった皇帝は神への捧げものをし、それから宮殿に戻って、高官の饗応を行っている。

ユスティヌスの場合は、さらに選出が混乱した。アナスタシウス帝の死後、高官や元老院議員たちの間で後継帝についての小田原評定が続く中、皇帝の親衛隊や身辺警護兵の集団がそれぞれの候補を擁立したことが伝えられている。ここで興味深いのは、これらの集団はそれぞれ皇帝の装束を手配して戦車競走場に向かい、候補者が皇帝としての歓呼を得られるよう競い合う中で、暴力的に妨害されたと述べられていることである。結局、元老院議員や兵士、市民たちの支持はユスティヌスに集まり、一部の親衛隊員によってユスティヌスが顔面を殴られるなどのハプニングはあったものの、戦車競走場で即位儀礼が行われる。ここでも、市民や兵士たちに加えて、司教や高官が立ち会っていた。混乱の中での選出ということもあり、戦車競走場で皇帝の着替えが行われるなど変わったところも認められるが、その後は皇帝と兵士・市民たちとの対話のやり取りが続いている。

## 合意形成の場としてのコンスタンティノープル

このように、五世紀後半の帝国東部では、皇帝の即位式典をコンスタンティノープルで執り行った。上記の記述では省いたが、史料には、皇帝や参列者の衣装、皇帝の着替えに関する詳細、兵士や市民たちの上げる歓呼の声の内容、行進の際の要人の位置など、詳細な情報が加わっている。そこからは、それぞれの皇帝の置かれていた政治的状況によって儀式の細部に違いはあるものの、大筋では共通する諸点を見出すことができる。とくに、重要なのは、居並ぶ兵士たちや市民たちの前に皇帝が姿を現し、皇帝としての歓呼を受ける手続きである。現代人には想像がつきがたいかもしれないが、古代では多数の人々が集まる劇場や戦車競走場で参列者たちの上げる歓呼の声に対して、民意の表明として政治的に重要な意味が与えられていた。皇帝位を狙う候補者たちは、このような民意表明の場で人々から皇帝として承認されるために戦車競走場へと向かったのである。

アナスタシウスの死後、ユスティヌスが選出されるまでの間、兵士たちは独自の候補を擁立しては、戦車競走場で皇帝としての歓呼を得ようと競い合った。これは、装束の手配に関しての宮廷官僚の協力、歓呼をあげる兵士たちの実際の支持など、周到な準備が必要とされる行為であり、実際、早まった擁立の試みは暴力的な抵抗で挫折したことも史料から知られる。その際に抵抗をしたのが兵士だけでなく、市民団の場合もあったことが分かり、市民団の果たした政治的役割の大きさに驚かされる。他方で、高官や元老院議員たちが後継帝について意見の合致を見なかったときに、ある高官の言として、このまま意見がまとまらないと別の者に出し抜かれて皇帝が決められてしまうという危惧が表されている。この発言が歴史的逸話にすぎないとしても、戦車競走場での式典の実行には重みがあり、兵士たちや市民たち、高官たち、元老院議員たちの間で、様々な駆け引きを必要とした現実の状況が背景にはあっただろう。兵士たちや市民たちといった集団も一枚岩ではなく、それぞれの中で党派争いがあったことが窺われるので、それぞれの集団からの同意を確保するためには、かなりの政治的交渉力を必要としたはずである。

歴史の研究では、しばしばこれらの皇帝選抜の黒幕となった有力者を特定することに力が注がれてきた。例えば、マルキアヌスもレオも当時の有力軍人の後押しを受けて帝位に就いた、というようにである。しかし、このような政権内の力関係は正確には史料に残らず、結局のところ不明点が多い。むしろ、重要なのは、白羽の矢が立てられたのが誰であれ、その人物を承認する手続きが儀礼として社会に組み込まれ、その儀礼にコンスタンティノープルに滞在する諸社会層が参画していることである。この手続きがうまく機能していない時には、ユスティヌス選出以前の暴力的な妨害行為のように、即位式典が立ち行かなかった。言い換えれば、皇帝の即位にあたって、軍人、宮廷官僚、帝国行政の高官、元老院議員、市民団、聖職者団といった広い社会層の協力が必要であった。儀式は、単に政権の内幕で決められた決定の追認というわけではなく、諸社会層が納得をして、その場に立ち会う「誓約」としての性格も持ったであろう。

儀礼の順調な進行は、このような諸社会集団の是認の表れでもあり、コンスタンティノープルという都市の構造はそれをチェックする様々な空間を用意していた。兵士や市民たちが列席するためには広いスペースが必要であり、結果として、戦車競走場やヘブドモンといった場所が、皇帝と彼らの間での対話空間として整備された。即位式典としての両空間の重要性もそこに由来しているし、洗礼者ヨハネの教会、あるいは預言者サムエルの聖遺物を収める聖所がヘブドモンに建てられたのもこのような空間機能と関連しているであろう。なぜなら、ヨハネはキリストに洗礼を施し、サムエルは王ダビデに塗油を施した歴史的人物だからである。皇帝の即位式典は歴史的出来事の再演という性格も持っていた。

帝国を構成する社会集団と合意を形成する姿勢は、即位式典に限られたものではない。同じような皇帝の姿勢が立法に関しても認められる事例を挙げることで補足としたい。以下の史料は四四六年にテオドシウス二世がコンスタンティノープルの元老院に宛てて出したものである。

公的な案件であれ私的な案件であれ、古法に包摂されていない一般的な法規を要する何からの必要が今後生じたなら、以下のようにすることが紳士的であると我等は認める。すなわち、まず我等の宮廷の全主要構成員および、元老院議員諸君、汝らの栄光ある集いによって討議されること。そして、すべての裁判官たち〔＝宮廷の主要構成員〕と汝らによって是とされたなら、提出された案が読み上げられ、かくして全員が集められたところで改めて再検討されること。そして全員が同意したなら、そのときになってようやく我等の御稜威の聖なる御前会議で読み上げられ、全員の同意が静謐なる我等の権威によって承認を得ることである。それゆえ、元老院議員諸君、今後は寛容なる我等によって法が発布されることができるのは、上述の手続きが遵守されたときのみだと承知されよ。なぜなら、汝らの評議を受けて定められたことは我等の帝国の福利と我等の栄光に寄与することを我等はよく承知しているのだから。(『勅法彙纂』第一巻第十四章第八法文)

この勅法では、新しい措置を法で定める場合には、皇帝の側に仕える高級官僚たちの会議と、元老院の会議の両方を通じて審議し、全員の合意を得たうえで、皇帝の法が発布されるという手続きが示されている。残念ながら、この勅法が必要とされた歴史的背景は史料の不足のために明らかではないが、ここでも皇帝が元老院との同意形成に力点を置いている点に注目したい。帝政後期の皇帝たちは確かに絶対的な権力者ではあったが、有力者たちの支持なしでは彼らの存立はありえなかった。思いのほか、協力、連帯を重んじる皇帝の姿が帝政後期には認められるのである。

そして、首都大衆に対する配慮もまた皇帝にとって重要な政治的問題であった。例えば、首都の穀物倉庫の巡検は一見するとつまらないことのように見えるものの、皇帝が定期的に行う重要な儀礼の一つであった。この行動は、首都住民の食糧事情を担保することを示す象徴的な行為であり、テオドシウス二世などは飢饉のときの巡検に際して、住民の投石を受けたことが伝えられている。後の時代の出来事になるが、ある皇帝は、首都が直面した飢饉を受けて、巡検中に住民からの強い反発行動を受けて、退避したことが知られており、その直後に彼は失脚している。首都住民の支持という政治要素が色濃く出てくるのは五世紀の一つの特色である。それは、専ら軍の支持によって皇帝が選出されていた四世紀には見られない現象であり、皇帝がコンスタンティノープルに居を定めるようになったからこそ現出したものであった。

## 宗教と皇帝の支持基盤

首都住民の支持を占う上で重要だったのが、皇帝の宗教面での政策であった。前章までに述べたように、宗教の問題は、為政者の統治の正統性、帝国の護持や戦争の勝利に直結する問題と考えられており、政教分離がなされている現代の世俗国家とは全く異なる意味合いを持っていた。このような思想は、天変地異についての記録を頻繁にするなど、歴史叙述にも大きな影響を与えることになる。これは単にキリスト教の広まりに帰される問題ではなく、ユダヤ教徒やいわゆる多神教徒など、非キリスト教徒の文献からも確認されるし、程度の違いはあれ古い時代にも認められる傾向である。しかし、帝政後期にとりわけこの傾向は顕著であり、またキリスト教の広まりがあるからこそ生じた言説もある。

その一つが五世紀後半の世紀末言説である。キリスト教徒の間では世界創造から六千年を経た後に世界の終末が始まるという流説があり、五世紀末頃はまさにその時期にあたると考えられていた。ポンペイを埋没させたことで有名なウェスウィウス山は五世紀後半にも大噴火を記録しており、その火山灰はコンスタンティノープルにまで届いたという。この出来事はコンスタンティノープルの宗教典礼の中に記録され、毎年神に赦しを請う儀式が行われることになるが、これほど大きな事件として記憶された背景には世紀末を恐れる人々の心性があったろう。また、アナスタシウス帝の治世には、この降灰記念の式典が皇帝の宗教施策に反発する首都大衆のデモンストレーションに発展した。宗教の乱れと、神の怒りとしての天災を関連させる発想がもとで、降灰記念式典が宗教施策反対の示威行動の場に選ばれたと考えられる。現代を生きる我々の目にはこのような思想は迷信と映るだろうが、このような思想が人々を動かす力になり、対話のための共通言語になっていたことは忘れてはならない。皇帝は治安を維持するために、宗教施策の面でも人心の収攬に努めねばならなかったのである。

時期的に少し遡るが、宗教的合意を重視する皇帝の姿勢はマルキアヌスの跡を継いだレオ帝にも認められる。マルキアヌスの開催したカルケドン会議は多くの不和の種を残し、各地の教会の反発と暴力的騒乱をもたらした。レオ帝はエジプトの諸教会からの嘆願を受けて、カルケドン会議の見直しのための教会会議も考えた。そこで彼が取ったのは、各地の中心都市の司教たちに手紙を送り、カルケドン会議の是非と新たな教会会議についての意見を問い合わせることであった。結果的にはほとんどの司教たちがカルケドンを追認したため、新たな会議が開かれることはなかったが、このような多大なる協調の努力を惜しまなかった点は見逃されるべきではない。

レオ帝の後に帝位に就いたゼノ帝は、宮廷のクーデターを受けて、首都から退去し、彼に代わってバシリスクスなる人物が帝位に就いた。バシリスクスはマルキアヌス帝、レオ帝と続けられてきたカルケドン会議支持の姿勢を転換し、カルケドン会議を非難する声明を発し、追放措置を受けていたエジプトのアレクサンドリア司教を復帰させる措置を取った。しかし、このことは彼にとって大きな政治的失点となった。コンスタンティノープル司教がこの措置に反発を示し、首都大衆も彼に対する強い不満を示したのである。結果的にバシリスクスは先の声明と正反対の声明を新たに発布することになったが、支持者の獲得がうまくいったかは定かではない。彼は、態勢を整えて反撃してきたゼノ帝の進撃を前にして降伏し、コンスタンティノープルを明け渡した。政治史的には、麾下の兵士の裏切りが強調されるが、籠城策を取らなかったことから見て、首都住民の支持も十分に当てにできなかったことが降伏の背景にはあっただろう。

ゼノ帝、アナスタシウス帝は帝国東部における教会の一体性を保つために、カルケドン会議にできるかぎり触れない形にして、不満を抱える諸教会の慰撫に努めた。このことは、カルケドンの結果を重視するローマ教会との亀裂を生んだものの、帝国東部の安定にとっては一定の効果をもたらすことになった。もっとも、東地中海世界では反カルケドン派の勢いに見逃せないものがあったために、皇帝たちは彼らとの和解の方向性を示すだけでなく、彼らを明白に支持することもあった。このため、首都ではしばしばカルケドン派と反カルケドン派の争いが強まり、信仰がきっかけとなった司教の交替も起こった。治世末年に起こった市内の暴動でアナスタシウス帝は失脚の危機にまで陥ったが、彼は大衆の前に皇帝の装束を脱いだ状態で現れると、改心を誓って、事態を収拾したという。このような卑下の「儀礼」が一つの対話として機能したのも、帝政後期の政治文化の一つの特色である。

## 修道運動の管理

首都の宗教的騒擾を収めるために、政府は修道院の管理にも心を砕いた。修道運動は、キリスト教が広く支援されるようになった四世紀以降、多くの社会層に受け入れられた。テオドシウス二世の宮廷が修道院のようであったということは既に触れたとおりである。その一方で、首都では多数の修道院が設立され、中にはカリスマ的な指導力を発揮する修道士もいた。このような修道士は有力な貴族や官僚の庇護も得たので、政治的な発言力も持ちえたし、人的なつながりが広かったので、大衆の動員も可能であった。この結果、修道士たちは政治的な場面で大きな役割を果たすようになる。

テオドシウス二世のもとで開かれた第一回エフェソス会議は、ネストリウスの処遇をめぐって激しい議論が交わされた。この際、皇帝に対する大きな圧力となったのは、首都における有力修道士による示威運動であった。自分の庵から固く離れようとしなかったカリスマ修道士が、反ネストリウスを訴えて、庵を離れ、市内を練り歩いたことは、皇帝がネストリウスの支持を撤回する大きな要因になったと考えられている。また、教会会議ではしばしば修道士たちが暴力的に介入し、会場の周囲を占拠したり、都合の悪い人物の立ち入りを暴力的に排除したりした。彼らをいかに制御するかは治安の問題からも帝国政府の関心事項になりえたのである。

カルケドン会議ではマルキアヌス帝が参列する司教たちに、検討すべき課題をいくつか提示しているが、その中には修道院を誰が管理するかという問題もあった。なぜなら、修道院は修道士たちとその支持者によって営まれるものなので、往々にして教会や政府当局に関知されずに発達を遂げていたからである。カルケドン会議は、教会の司教が近隣の修道院を管理することを初めて規定した点で画期的であったが、それは大衆を動員する力を持った修道院を教会組織の管制下に置く動きが始まったと捉えられる。

シリアの柱頭行者シメオンを描いた飾り板。蛇は誘惑を表す。レオ帝はシメオンに書簡を出してカルケドン会議の是非を尋ねた

その一方で、カリスマ的な修道士の存在は、難しい政治的・宗教的問題の解決に対する一助ともなりえた。コンスタンティノープルの近郊には、数十メートルもの柱の上で四六時中生活をする柱頭行者ダニエルという修道士がいたが、この人物は何十年間も柱上で暮らすという並外れた暮らしぶりと祈禱による治癒の力などのゆえに、人々から高い崇敬を勝ち得ていた。レオ帝は黒海沿岸のキリスト教国の王との外交問題を解決するにあたって、

このカリスマ的修道士を仲裁者とすることで、取り決めを妥結することに成功している。また、カルケドン会議の見直しに関しても、レオ帝は司教たちに加えて、シリアの有名な柱頭行者に書簡を送って是非を尋ねている（写真）。ゼノ帝を都から追い出したバシリスクス帝が現れたときには、前述のダニエルは柱から降りてきて市内を行進するというパフォーマンスを行って、聖職者団や都市大衆の不満を表明した。バシリスクスはこの宗教指導者を仲介として司教と和解し、謝罪を表明するなどの儀礼を通して、ようやく都市の騒擾を鎮めたという。このように、宗教指導者は、大衆・有力者をつなぐ社会的接点として、皇帝にとっても見逃せない存在となっていた。五世紀後半の皇帝はこのような宗教問題に目配りをし、いかにしてローマ帝国としての統一性を保つかに腐心した。

## 合意からなる皇帝――「東ローマ」はなぜ長らえたのか

ローマ皇帝は単なる独裁者ではない。その政権を成り立たせるためには、軍人や貴族層を中心に、多くの社会層からの支持が必要であった。その合意を形成する場として、コンスタンティノープルは機能しえた。各地の有力者層が元老院議員として集まり、戦略立地上、軍人たちも立ち寄ったほか、大人口を抱える地勢的困難は、水道橋や貯水槽、船舶輸送などの技術力で補われたからである。合意を形成する場が整えられたことで、王朝の断絶などの政治的空白を迎えたときでも、皇帝を持続的に擁立し、地方社会からの支持を確認することができた。

東地中海世界が皇帝を擁する「帝国」として長らえられたのは、血筋で皇位をつなぐ王朝原理に加えて、首都で元老院、軍隊、市民団らが皇帝を選定する手続きを持ったことが大きいだろう。血縁原理は五世紀後半になっても優勢な帝位継承の原理であり、帝位に就くと同時にアウグスタとの結婚を行った例がマルキアヌスやアナスタシウスに見られたのも、その思想が背景にある。しかし、東ではレオ帝やユスティヌス帝のように、先帝との血縁がなくても皇帝に選ばれて、安定した政権を築く事例も見られた。それも、先帝の血縁者が曲がりなりにもいた場合でさえ、このような皇帝擁立が可能だったのである。そして、帝国東部の皇帝たちの統治は、レオ帝もゼノ帝もともに十七年、アナスタシウス帝が二十七年、高齢で帝位に就いたユスティヌスは九年だけだが、その後のユスティニアヌスは三十八年というように長期にわたり、比較的安定していた。コンスタンティノープルという合意形成のための都が整えられていたことが、これらの長期政権を可能にしたと考えられるのである。では翻って、帝国西部はどのような状況だったのだろうか。

興味深いことに、五世紀に入ると西の皇帝たちは首都ローマで様々な儀式を展開したことが知られている。それは、四世紀の皇帝たちがほとんどローマ市を訪れなかったのとは好対照をなしている。ローマ市には現在まで残るアウレリアヌス城壁が三世紀に築かれていたが、ホノリウス帝のもとでこの市壁は整備され、防衛の能力は高められた。また、バチカンにあるサン・ピエトロ教会には帝室の墓所が営まれ、教会自体も皇帝のローマ訪問の際の重要な儀式の舞台になっていく。ヴァレンティニアヌス三世は治世の終盤になると、長期にわたってローマに居を構えて執政にあたったことが知られている。

しかし、合意の形成がローマ市で十全に成し遂げられていたかというと、それは疑わしい。そもそも西政府の軍事の中核をなしていた将軍が暗殺されると、その暗殺の首謀者だったとして、今度はヴァレンティニアヌス三世が将軍の支持者に殺されてしまった。カンプス・マルティウスでの閲兵中での出来事であった。皇帝は軍人たちの支持を得ることに失敗したのである。また、その後の皇帝の選抜も大いに混乱した。イタリアに本拠を構える元老院議員たちと、ガリアに居を構える元老院議員たちとで別々の皇帝を擁立したのである。さらに、ヴァレンティニアヌス三世の娘を通じて帝室と姻戚関係を結んでいたヴァンダル人の王家も、西帝の遺族の身柄を確保し、独自の政治的動きを示していた。

その後には東政府からの介入も加わって、西の皇帝擁立は混乱を極め、次第に皇帝不在の時期が目立つようになっていく。実際、皇帝を新しく擁立することによって、別の地域の皇帝からの介入を受けるという事態はディオクレティアヌス帝の治世以来、頻発していた。皇帝を擁立することに伴う小規模な内戦の連続を五世紀後半にも経験したイタリアは、ついにローマ皇帝を現地で推戴することをやめる。皇帝を自前で擁立せずに、遠隔地の皇帝権力を形の上で認めて、現地支配を皇帝に認めてもらうという選択は政権を安定させる上での一種の知恵であった。それは、皇帝共同統治の理念を逆手に利用した現実的な施策であったと言えるだろう。それと同時に、イタリア、ガリア、北アフリカ、東政府の合意を得られるような皇帝を選ぶことが遂にできなくなったことも意味している。

なぜ帝国東部でコンスタンティノープルが果たしたような役割をローマ市が果たせなかったのだろうか。これに対して明快な解答を与えることは難しい。しかし、たとえローマ市を宮廷が訪れることが増えたと言っても、依然として北イタリア、とりわけ五世紀にはラウェンナが宮廷所在地として重要な役割を持った点は留意すべきであろう。それは、北イタリアの方が軍事的な要地に位置していたことによる。四世紀の皇帝たちもミラノやアクィレイアといった町を拠点とすることが多く、西の皇帝を廃位したオドアケルやその後の東ゴート王国もラウェンナに政府機能を置いた。ローマを拠点にしようとしたホノリウスやウァレンティニアヌス三世さえもラウェンナにしばしば滞在していたほどである。また、ガリアの貴族たちはホノリウス帝の治世以来、南仏のアルルに定期的に集まることはあっても、人事などから窺われるかぎり、彼らがイタリアの貴族たちと交わる機会は限られていたようである。その意味では、帝国西部各地の軍人、貴族を糾合する場を築く皇帝の試みは徹底していなかった。ローマ市の抱える歴史的・キリスト教的伝統の重みも、イタリア貴族たちが全面的に北イタリアに移ることを難しくしたであろう。

「西ローマ帝国」のなくなった後、西地中海世界に現れたのは、王を名乗るゲルマン人をリーダーとする軍事集団を、在地の貴族層が支える社会であった。その外見的な構造自体は、帝政後期の軍隊とそれを支える貴族・地主集団の関係と同じである。しかし、軍事的覇権の及ぶ範囲は縮小し、地域ごとの分立状態は強まった。経済構造も、長い平和の時代に確立されてきた海上輸送などに依存していた部分は、このような小地域分立傾向の影響を受けやすかった。さらに、王権の継承に際しては、ゲルマン人の独特の相続制度の影響もあり、皇帝権の継承以上に複雑で度重なる政治的混乱を生んだ。他方で、遠くの皇帝の存在は認めていたので、東政府の支配のもとで「帝国」に戻る道もまだ残されていた。西地中海世界での統治体制の模索は、各地で以後長く続くことになる。

これに対し、帝国東部は相対的な軍事的・経済的安定性を背景に、敬虔な皇帝、新しいローマという都、それを支える元老院と市民団を備えることに成功し、理念的にも帝国の中心へと移り変わっていく。ヘレニズム時代以後、政治的・軍事的に劣勢に立っていた東地中海世界が、ローマの平和を経て力を蓄え、ついに形勢を逆転させたのである。その際には、ローマの歴史的伝統も奪われていくことになるだろう。その顚末を次章で見ていくことにしよう。

# 第六章
# 都の歴史を奪って

## 「滅亡」言説の誕生

前章では、四七六年の事件が何を意味するのかという問題を提起した。そこでも述べたように、この事件それ自体は必ずしも「滅亡」や「衰退」と結びつける必要はないものであった。では、我々の知るような滅亡言説はいつから登場したのであろうか。古代の史料の中で初めて、四七六年を西ローマ帝国滅亡の年として捉えた作品が登場するのは、事件から約半世紀後の六世紀前半のことである。それが以下のような文章である。

ゴート王オドアケルがローマを扼《やく》した。オドアケルは〔西ローマ皇帝アウグストゥルスの父〕オレステスを直ちに惨殺した。オレステスの子のアウグストゥルスについては、オドアケルはカンパニアの砦ルクッラヌムへの追放刑に処した。首都創建から七百九年目に初代正帝オクタウィアヌス・アウグストゥスが御するようになったローマ民族の西の帝国は、このアウグストゥルスとともに終わりを迎えた。これは歴代皇帝たちの統治五二二年目のことで、これより後はゴート王がローマを保持した。（コメスのマルケッリヌス『年代記』四七六年 二）

この記述を残したのはマルケッリヌスという年代記作家である。この人物はバルカン半島の出身で、ローマ皇帝ユスティヌス一世治世下の五一八年頃に『年代記』という作品を著した。年代記というのは、現在の我々の年表に近いもので、この年にはこのような出来事が起こったということを短い文章で淡々と紹介する形式を取っている。先の引用箇所はむしろ長い部類に属するもので、大半の文章は極めて短いメモのような具合である。このような歴史叙述は帝政後期から次第に多くなっていき、エウセビオスという人物がギリシア語で著した『年代記』はとりわけ後代に大きな影響を及ぼすことになった。『ウルガータ』と呼ばれるラテン語訳聖書を作ったことなどで有名な教父ヒエロニュムスは、四世紀後半にエウセビオスの『年代記』をラテン語に翻訳するとともに、ローマの著名な文学者や歴史的事件を追記し、さらには自分の生きる時代まで記述を伸ばした。ヒエロニュムスの年代記を嚆矢として、以後、中世ラテン世界の年代記叙述の伝統が形成されていくことになる。

マルケッリヌスの『年代記』はまさにこのヒエロニュムスの作品を継承することを意識していた。編年的な記述はヒエロニュムスが擱筆《かくひつ》したところから筆を起こす形になっており、顕著な歴史事件、著名な文化人を記録していくところなど基本的な叙述スタイルも同じものを採用している。

しかし、ヒエロニュムスを継ぐ年代記作品は何もマルケッリヌスの専売特許ではない。他にも、西地中海世界では、様々なラテン語年代記が五世紀中に著されていた。マルケッリヌスがいささか特異なのは、彼が東のコンスタンティノープルで活躍する人物だったことである。ラテン語で書かれた彼の年代記作品は、東の都の知識人・官僚たちを読者層としていた。将来の皇帝ユスティニアヌスをもその読者に数え入れていたかもしれない。ともあれ、四七六年の西ローマの衰亡言説が流布していたのが、六世紀前半の帝国東部であったことは留意しておきたい。なぜなら、このような同時代人の間の歴史理解を背景に、ユスティヌスの後を継いだユスティニアヌス帝が、古のローマの復興を強く謳った政策を次々と展開することになるからである。そこで本章では、ユスティニアヌス帝の治世にコンスタンティノープルが名実ともに帝国の中心たる都ローマになっていった過程を見ていきたい。

## ユスティニアヌスという人物

ユスティニアヌスは、前章に登場したローマ皇帝ユスティヌスの甥にあたる。ユスティヌスはバルカン半島の農村の出身であったが、皇帝の身辺警護隊の長へと達し、ついにはローマ皇帝にまで上り詰めたという立身出世の人であった。ユスティヌスは軍人として身一つで成り上がったこともあり、教育は十分に受けられなかったらしい。意地の悪い史料では、ユスティヌスは自分の名前を書くことができなかったため、型板《ステンシル》を使って署名をしたとさえ言われている。このような逸話が広まるほどに、ユスティヌスは文化面に明るくなかったのであろう。しかし、叔父の引き立てで若いうちからコンスタンティノープルに連れて来られ、教育を受けてきたユスティニアヌスは違った。彼は、ギリシア語やラテン語の高い教養を身につけ、哲学・神学的な物事にも造詣があり、そのような実力を背景に、皇帝になった叔父を早くから補佐し、既に叔父の統治期間中(五一八―五二七年)から、皇帝のような活躍を示していた。ユスティヌスの治世末年に同僚皇帝にされたユスティニアヌスは、叔父の死後、いよいよ精力的に政務を司ることになる。

ユスティニアヌスの治世は彼が死を迎える五六五年まで続いた。政治補佐をしていた叔父の治世も数え合わせれば、実に半世紀近くの長期にわたって政権についていたことになる。彼は現代風に言えば仕事中毒と形容できる人物で、朝早くから政務に取り掛かって数々の皇帝のルーティンワークをこなし、夜は遅くまで司教たちと神学的なことを議論するという具合であった。宮廷の奥深くで議論に耽る皇帝の姿をよく見たら頭のない悪魔のような姿だった、という噂話さえ出回っていた。そして、ユスティニアヌス自身も、自分が夜遅くまで精勤していることを法文の中で喧伝していた。

彼は様々なところに口を出し、高官の任免や裁判などの国家重要業務をこなすのはもちろんのこと、市場の野菜一つ一つの価格や、売春婦の処遇にかかる細則まで、市民生活の隅々にまで介入した。改革事業にも熱心で、州行政などの地方行政改革、ローマ法学校のカリキュラム改革、軍制改革など、様々な部門に手を加えた。アナスタシウス治世に、帝国財政にかなりの余裕が生じていたことを背景に、軍事、建築など費用の掛かる事業にも積極的に打って出た。城壁など防御施設の拡充や橋梁・貯水槽の整備などインフラに関わる事業、そして教会の建設・再建の事例は数多く伝えられている。また自己顕示欲の強いところがあり、自分が再建に関わった都市名や、編纂させた法典の名前、果ては法学校の一年生の通称にまで、ユスティニアヌスという名をつけさせた。長大な神学論が展開された手紙を自ら書いて修道士たちに送りつけたし、古代哲学に造詣の深い知識人を首都に呼び寄せ、直接論議しようとすることもあった。

このようなユスティニアヌス帝は、かつてのローマ帝国を復活させるかのような大規模な征服戦争と、ローマ法典の編纂事業でとりわけ有名である。また、あまり一般には知られていないが、キリスト教会の統一に関しても熱心に取り組み、後に第五回世界公会議に数えられることになる

第二回コンスタンティノープル会議は、彼の治世下に開かれた。そして、これら三事業の共通点として、ローマの伝統と権威を東の帝国に巧みに取り込んでいく皇帝の手腕が見られるところがある。本章では、これら事業の推移を主として追いながら、都コンスタンティノープルが旧都ローマの歴史や権威をわがものとしていった過程、そしてそれを通じて帝国の中心が名実ともに移っていった経緯を見ていくことにしよう。

## ローマ法典の編纂事業

ユスティニアヌスは単独帝となった直後から、ローマ法典の編纂事業を進めさせた。それは新しい勅法集成と、法学者著作集成、そして法学入門書という三部作を作らせるというものであり、事業は五二八年から五三四年にかけて行われた。まずはそれぞれの作品について簡単に見ていくことにしよう。

第四章で見たように、テオドシウス二世によって『テオドシウス法典』が編纂された。これにより、四三八年までの勅法は、ディオクレティアヌス治世下に編まれた『グレゴリウス法典』、『ヘルモゲニアヌス法典』とあわせた三法典で必要なかぎり網羅されていた。しかし、四三八年以後の勅法は収集されずに捨ておかれ、いまや百年近い歳月が経とうとしていた。この状態を改善するため、ユスティニアヌスは四三八年以後の勅法を集めるとともに、先行する三法典とあわせて、一冊の法典にまとめ直すことを命令する。編纂命令は五二八年に出されるが、それからわずか一年後の五二九年には、ユスティニアヌスの名を冠した勅法集成『ユスティニアヌス法典(勅法彙纂《いさん》)』が完成する。

これは『テオドシウス法典』が編纂命令から完成までに九年も要したことに比べると驚異的な速さである。おそらく、四三八年に『テオドシウス法典』が編まれて以降の東のローマ皇帝が基本的にコンスタンティノープルに居を構えていたので、勅法も都に保管されており、『ユスティニアヌス法典』の集成に必要な勅法を集めるのにさしたる手間がかからなかったのであろう。この点は、四世紀中の移動宮廷が帝国各地に残した勅法を収集せねばならなかった『テオドシウス法典』との大きな違いであった。なお、コンスタンティノープルの戦車競走場の一角に公文書保管所の部屋があったと伝えられており、歴代皇帝たちの勅法もそのような場所に置かれていたのであろう。

しかし、ユスティニアヌスのローマ法典編纂は勅法の収集にとどまらなかった。帝政期のローマ法源として、勅法と並んで重要性を持っていたのが、帝政前期に活躍した法学者たちの著作物であった。著作は膨大な数が市中に出回っており、それらをまとめて入手するのが困難だったほか、著作同士で相対立する見解を含んでいたため、法解釈の混乱を招いていた。ユスティニアヌスは、この法学者著作についても収集と整理を命じ、五三三年に『学説彙纂』全五十巻としてまとめ上げた。また、ローマ法のイロハをまとめた初学者用教科書として、『法学提要』という作品も作られた。最後に、『学説彙纂』の内容に整合する形で再校訂した『ユスティニアヌス法典』が五三四年に発布され、法典編纂事業はひとつの区切りを迎えた。ユスティニアヌスが編纂させたローマ法典は中世ヨーロッパ世界に引き継がれ、ローマ法の知識を現代にまで伝える重要な作品群となっていく。長い伝統を持つローマ法の整理は、それ自体が極めて明確にローマの伝統を継承する事業である。しかし、ユスティニアヌスの事業の背景を見ていくと、過去の歴史的遺産を利用しながら、現実の新しい秩序を定めていくための工夫がそこかしこに認められる。以下では、それを確認していこう。

## 過去の意識的な継受

ユスティニアヌスの法典編纂の際立った特徴の一つが、その実用主義である。例えば、彼が編纂させた『ユスティニアヌス法典』は、四三八年からユスティニアヌスの治世にかけての勅法に加えて、既存の三法典に収録されていた勅法も統合して一冊にまとめている。これは、先行する二法典に取って代わることをしなかった『テオドシウス法典』とは全く異なる姿勢である。そして、ユスティニアヌスは新法典に収載される勅法を、現行の法慣習に適うものだけに限定した。言い換えれば、内容が時代遅れになっていたり、あるいはあまりに煩瑣なため今後通用することが望まれなかったりする法規定については、新法典に収録させなかったのである。この点は、廃止された内容を含むものでも、後学のために収録することを許した『テオドシウス法典』とは全く異なっていた。

ユスティニアヌスの勅法集は、過去の皇帝たちが出した法をまとめたものという意味では、極めて古風で伝統的な態度を取っている。しかし、不要と見なした過去の遺制は容赦なく切り捨て、現実の社会に有用と思われるものだけを残し、彼の勅法集に収録された勅法以外の過去の勅法や法典すべてを法的効力のないものにしたという点では極めて現実主義的で、選別的なものであった。これと同じことが、『学説彙纂』編纂にあたって、過去の法学者著作すべてにも適用された。古法を明示的に排斥することは極力避けて、どんなに古いものでも基本的には残しておくことを重視する古代ローマ社会にあって、現代人にも通底するようなユスティニアヌスの合理主義はその特異さが際立っている。

このように、過去を尊重する姿勢を見せながらも、現実の要請に合わせて過去を加工する態度は法典内のテキストからも見られる。そして、それはローマの世界観、歴史観に関わるものでもあった。いくらか冗長になるが、その例を見てみよう。

しかし、我々が現在運用している原則は以下のようなものである。すなわち、後見人の任命は、ローマでは首都長官ないし法務官が自らの法を宣言する権利にしたがって行い、州では州総督が調査に基づいて行う、あるいは未成熟者の資産が多額でない場合には、州総督の命

令に基づき都市政務官が行うというものである。(『法学提要』第一巻第二十章四)

若干専門的な用語も含まれているが、この法文は後見人の任命に関わる一文である。そして、ローマ市と州、言い換えれば中央と地方での二つの任命手続きが大別されて叙述されていることが読み取れるだろう。ローマ史に少し造詣のある人であれば、法務官や首都長官といった言葉に歴史的な響きを感じ取ることもあるかもしれない。しかし、ここで論じられている「ローマ」とは一体どこのことであろうか。文章を抜粋した『法学提要』が発布されたのは五三三年のことである。そして、この時期のイタリア半島は東ゴート王国の支配下に置かれていた。したがって、ここで述べられている「ローマ」はイタリアのローマ市ではない。これは、東の首都コンスタンティノープルを指しているのである。元来のローマ法では首都ローマとそれ以外の属州での手続きが大別されていたのであるが、ユスティニアヌスの編纂物では、もはや首都ローマはコンスタンティノープルに置き換えて読まれることが当然となっていたのである。奇しくも、法典の発布後、東政府がイタリアを征服したことで、この規定はローマ市にも適用されることになったが、あくまで念頭に置かれていたのがコンスタンティノープルであった点には注意を要する。

このように東地中海世界の住民を読者層として念頭に置いていたことは、初学者向けに編まれた『法学提要』に最も顕著に表れている。

さて、市民法はそれぞれの共同体に基づいて名称が与えられる。例えば、アテナイ人の法という具合である。すなわち、もし何者かがソロンの法やドラコンの法をアテナイ人の市民法と呼ぼうとしたなら、それは間違いではないのである。我々は、ローマ人民が用いている法についてもそのようにしてローマ人の市民法と呼んでいる。あるいは、クィリーテース人が用いていることから、クィリーテース人の法と呼んでいる。ローマ人はクィリーヌスに因《ちな》んでクィリーテースと呼ばれるからである。他方で、どの共同体のものであるかを付加しない場合には、我々の法を意味していることになる。これは、「詩人」と言って特にその名を付加しないときに、ギリシア人の間では卓越せるホメロスのことが含意され、我々の間ではウェルギリウスのことが含意されるのと同様である。(『法学提要』第一巻第二章 二)

ここでは、ローマ法の説明をする中で、読者の理解を助けるための比較が古代ギリシアの事例(アテナイ人、ソロン、ドラコン、ホメロス)になっている点に注目していただきたい。つまり、読者にとってなじみ深い文化はラテン文化ではなく、ギリシア文化なのである。東地中海世界ではヘレニズム時代以来、ギリシア語とギリシア文化がエリート層の共通言語および文化となっていた。現在に当てはめれば、英語とアメリカ文化のような位置づけである。しかも、東地中海世界の人々すべてがギリシア語を母語としていたわけではなく、多くの地域ではセム語系やハム語系の言語が話し言葉だったから、東地中海世界の人々にとって、ラテン語を習得し、さらに専門的なローマ法の知識を獲得するというのは、二つ目の外国語を習得してそれをもとに高等知識を修めるという極めて困難なことであった。

それにもかかわらず、ユスティニアヌスが編ませた三つの作品は、ほとんどがラテン語で書かれていた。既に五世紀のローマ法手続きではギリシア語で述べられた文言にも法的効力が認められ、勅法さえもしばしばギリシア語で書かれるようになるなど、ギリシア語を受け入れる姿勢が随所に見られるようになっていた。それだけに、ユスティニアヌスの法典編纂事業でラテン語が残されたこと、とりわけ初学者向けの『法学提要』さえもラテン語で著されたことからは、ラテン語に対する強い執着が窺われるのである。その理由は推測するしかないが、それはラテン語で書かれた勅法や法学者著作からの抜粋が編纂物の主となっていたからという実利的な理由だけではないのではなかろうか。むしろ、この言語の選択からは、ローマの伝統をわがものにしようとする意志を読み取ってよいのではないかと思われる。それと同時に、ギリシア語を共通言語とする東地中海域のみならず、西方ラテン語圏をも見据えたところもあったかもしれない。法典編纂事業が進められたのは、ちょうど帝国が西方へと軍を向ける時期であった。

## 西方の再征服とローマの伝統

このローマ法編纂と同じ時期に並行して進められていたのが、軍事活動であった。ササン朝へルシアと和約を結び、東方戦線を安定させたユスティニアヌスは、ちょうど王位継承をめぐってお家騒動が起きていた北アフリカのヴァンダル王国に介入する。ヴァンダル王国への遠征は、五世紀後半のレオ帝治世には大敗北を被るなど、これまで何度も失敗続きであったが、六世紀の遠征はヴァンダル側の内紛などもあり、拍子抜けなほどあっけなく終了した。五三三年の夏に進発した遠征軍は、翌年春にはヴァンダル王の降伏を受け、北アフリカの再征服を完了したのである。

オドアケルを打倒してイタリアを支配下に置いていた東ゴート王国にも、丁度この頃に王位をめぐる騒動が生じた。ユスティニアヌスはここにも介入し、シチリア島の征服を皮切りとして、南イタリアに軍隊を上陸させた。ゴート人の守備兵を持たないイタリア都市の多くは帝国軍に降伏していき、大規模な包囲戦はナポリやローマなど限られた都市でのみ展開した。軍事作戦を始めてから五年が経った五四〇年にはついにゴート王が降伏し、首都のラウェンナは開城した。ヴァンダル王国征服よりは時間がかかったとはいえ、わずか五年でのイタリアの回復は想像以上の快挙であった。

これらの軍事遠征はユスティニアヌスが率いたものではない。彼は、アルカディウス帝以来、ローマ皇帝の主流となった首都定住型の皇帝であった。この二つの大勝利をもたらしたのは、ベリサリウスという名の、ユスティニアヌスの腹心の将軍である。しかし、将軍によってもたらされた勝利が、その将軍を派遣した皇帝に帰されるのは帝政期の常である。ユスティニアヌスはヴァンダル王国征服後に戦勝記念の貨幣を発行し、そこに軍装に包まれた自らの姿を描かせたほか、

右上下：ユスティニアヌスが発行したヴァンダル王国征服記念の貨幣
左：コンスタンティノープルに立っていたユスティニアヌス帝の騎馬像のスケッチ。中央通りの最後に位置する広場近くにあったとされる

首都には巨大な自らの騎馬像を立たせた（写真）。この騎馬像は十六世紀に破壊されてしまったものの、宮殿とハギア・ソフィアの間のあたりに立っていたことが知られている。巨大な騎馬像は、それが載せられた柱を含めて、全高七十メートル近くになったと伝えられる巨大なモニュメントであり、その迫力が想像される。これは、アルカディウス、テオドシウス、コンスタンティヌスの広場から連綿と続く中央通りのモニュメント群の掉尾を飾るものであった（地図）。

ユスティニアヌスによるローマの伝統の利用は、この征服戦争の成功でも発揮された。ヴァンダル王国征服後、ベリサリウスには凱旋式の挙行が認められた。共和政の時代のローマ市では軍事的成功を収めた将軍による凱旋式が行われていたが、帝政期に入ってからというもの、皇帝以外の人物による凱旋式は例外的なものとなっていた。なぜなら、帝政期に武勲を挙げた将軍たちには凱旋将軍顕彰という形で名誉は与

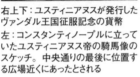

えられたものの、式典それ自体は、略式凱旋と呼ばれる簡素なものしか挙行できなかったからである。したがって、ベリサリウスによる凱旋式は、古き良きローマの伝統への回帰というメッセージ性があったことが窺われる。ローマ市における凱旋式の概要は、白馬にひかれた戦車に乗って市内をめぐり、フォロ・ロマーノを経て、カピトリウムに上り、神に感謝の供儀を捧げるというものであった。しかし、コンスタンティノープルでの凱旋式は前代未聞であるとともに、臣下が凱旋式を行うという形式それ自体も長らく忘れられていた。おそらくベリサリウスの凱旋式は、伝統的な式次第を文献などから調査して復刻したようなものではなく、帝政後期の皇帝の式典をもとに、臣下向けにアレンジしたものだったと推測される。

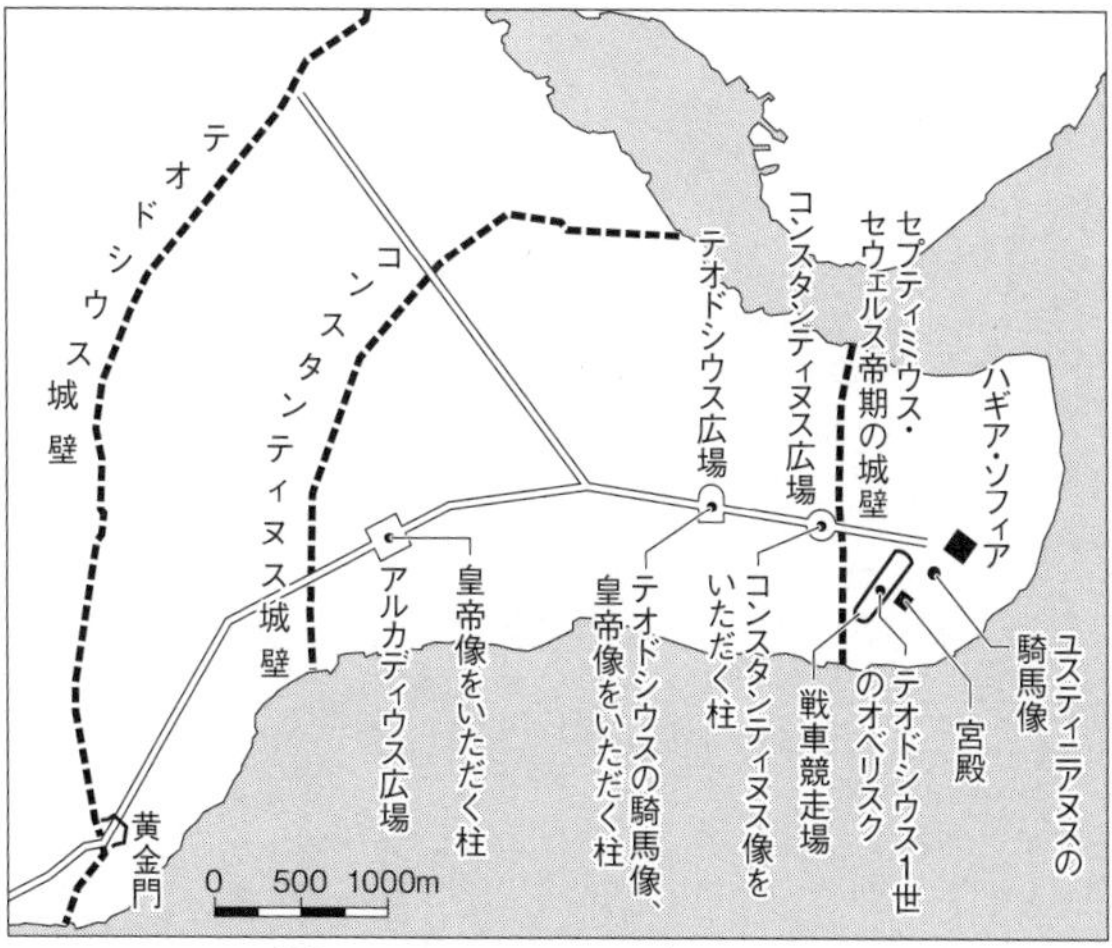

ユスティニアヌス時代のコンスタンティノープル

　この式典の様子を同時代の史家プロコピオスは次のように伝えている。

　ベリサリウスが〔ヴァンダル王の〕ゲリメルと〔捕虜となった〕ヴァンダル人とともにビ

ユザンティオン〔＝コンスタンティノープル〕に着くと、古の時代に大いに注目に値する大勝利を収めたローマの将軍たちに与えられていた名誉を受けるにふさわしいと見なされた。なお、この名誉に達した人物がいなくなってから、約六百年の歳月が流れていた。もっとも、ティトゥス帝とトラヤヌス帝ならびに、蛮族に対して軍隊を率いて勝利を収めた爾余の皇帝たちを除いてのことであるが。実に、ベリサリウスは戦利品と戦争捕虜を首都の只中で披露し、ローマ人たちが「凱旋式」と呼ぶ行進を行った。ただし、古のやり方ではなく、自邸から戦車競走場までを徒歩で行き、競走場では戦車発着点から皇帝の座席があるところに達するまで同様にしたのであった。〔中略〕ゲリメルは、戦車競走場に到着し、皇帝が高壇に着座し、緑組と青組がその両側に立っているのを見ると、自分がいかなる惨状に置かれているのかを思い悟った。しかし、彼は泣き喚くことも慨嘆することもなく、ただヘブライ人たちの聖典に従って「空《くう》の空《くう》なり、すべては空《くう》なり」と唱え続けた。そして、彼が皇帝の高壇の下に来ると、周りの者たちは彼から紫衣を剥ぎ取り、平伏してユスティニアヌス帝に拝礼するよう強制した。これを、皇帝に対する嘆願者として、ゲリメルと並んで、ベリサリウスも行った。（プロコピオス『戦史』第四巻第九章）

ベリサリウスの凱旋式において例外的だったのは、彼の自邸から戦車競走場までの行進があったことだったらしい。そして、ローマ市の凱旋式とは異なり、戦車が使用されることはなく、しかも儀式のクライマックスにあたる部分では、観覧席に座る皇帝の前に捕虜となったヴァンダル王と並んで、凱旋将軍たるベリサリウスも服従の儀礼を行った。したがって、ユスティニアヌスは伝統的な凱旋式の挙行を許可しながら、結局はその凱旋将軍以上に権威を持つ自らの存在をアピールすることができたのであった。

## 行政改革とローマの伝統

このような前代未聞のコンスタンティノープルでの凱旋式が終わった直後に、真の凱旋式が行われたと、先述のプロコピオスは伝えている。それは、コンスルに就任したベリサリウスによる、戦車競走の主催であった。この競技の主催はコンスルが例年一月一日に行うもので、そこでは首都住民たちへの気前良い施しなどを行うことができた。このようなコンスルの役割は帝政期が進んでから発達したものであるが、これをプロコピオスが凱旋式と呼び表したのは、大衆に戦利品を分配する機会を捉えてのものであろう。実際、ベリサリウスがヴァンダル王国から得た戦利品はかなりの量にのぼったと推定されるから、ベリサリウスの首都での評判はうなぎのぼりであったろう。このように、コンスル職は多大な出費を伴うものの、大衆の人気取りの側面を持ち合わせていた。彼がコンスルを務めた年の最後に、東ゴート遠征が始まり、その前哨戦であるシチリア島征服が成功で終わったことも、このような評価の上昇に拍車をかけたであろう。

興味深いことに、ユスティニアヌスは五四一年を最後に、コンスルを任命することをやめてしまった。「復古」を売り物にしていた皇帝としては、これは意外なことである。ちなみに五四一年のコンスルはローマ市出身の元老院議員であった。中止の理由は推測するしかないが、研究者の中には、皇帝のライバルとなりうるような有力者がコンスルに就き、大衆からの支持を得ることを嫌ったからではないかとする者もいる。実際、ユスティニアヌスは、その治世当初の五三二年にニカの反乱というコンスタンティノープルで起きた大反乱によって、危うく帝位を奪われるところであった。この反乱は、アナスタシウス帝の親族を皇帝に担ぎ上げる形になったからである。反乱は、帝国軍による市民の大量虐殺によって収束を迎え、アナスタシウスの親族たちも処刑され、ユスティニアヌスの帝位は保たれた。しかし、叔父ユスティヌス一世自体が成り上がりであるなど決して立場が安定していなかったユスティニアヌスにとって、武勲赫々たる将軍や有能な官僚、大量の富と名門の血筋を誇るローマ貴族などは、ニカの乱の悪夢を再来させるものに見えたことは間違いない。中断される直前のコンスルにはベリサリウスを始め、帝国の有力者が陸続と着任していた。皇帝の側から見れば、敢えて国内に危険な敵を作るきっかけを残す必要はなかったのかもしれない。

コンスルについては新たな任命を中断したのに対し、ほかの行政分野では、官職の名称をローマの伝統的な官職名に「戻す」ことで、往年の威信を復活させるというのが、ユスティニアヌスの取った策であった。この場合でも、復古を謳ってはいるものの、実質的にはそれまでに存在したことのないような新しい行政機構・官職を生み出しているというのが、この皇帝の施策の特徴である。

帝政後期の地方行政制度では、複数の都市を抱える州（provincia）、複数の州を束ねる管区（dioecesis）、複数の管区を束ねる道（praefectura）という三層構造が基本となっていた。それぞれの行政単位にはそれぞれを統轄する官職者（州総督、管区代官、道長官）がおり、それぞれが司法、財務に携わる官僚スタッフを抱えていた。ユスティニアヌスの改革は、この三層構造の真ん中にあたる、管区代官の部署を廃止し、州総督の権限を高めようというものであった（図版）。

　これと並行して行われたのが、州総督への軍事権限の付与である。これも、帝政後期の行政構造とは一線を画する動きであった。というのも、軍事部門と民事部門（特に司法と徴税）とを切り分けるというのが、帝政後期の一般的な潮流だったからである。軍事部門から、兵站を

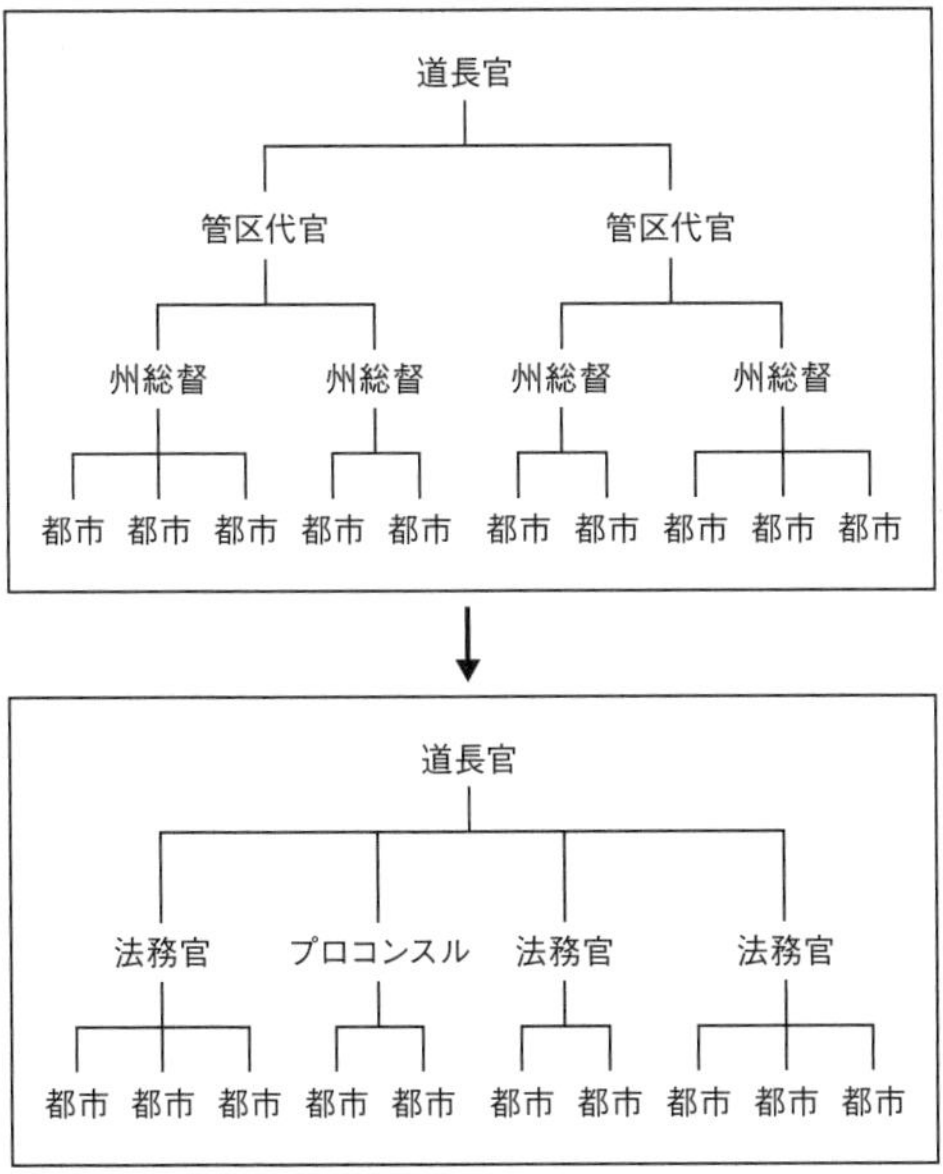

ユスティニアヌスの行政改革

維持するために必要な部門を分離することで、帝位を脅かすような大規模な軍隊の反乱を抑えることにこの方策の主眼があったと推測される。東方のペルシア戦線に近い地域などではこの伝統的な軍民分離の原則は残されたものの、ユスティニアヌスの行政改革では、小アジアやエジプトのように、大規模な軍隊は駐屯しない一方で、山賊・夜盗対策、民衆反乱の鎮圧など小規模な軍事力を必要とする地域に関しては、州総督の兵力動員を認めた。そして、権力を州総督に集中させることで、管区代官や一部の軍事指揮官職を廃止して、行政構造を簡素化し、同時に官職売買などの不正を防ぐのが改革の主眼であった。

ユスティニアヌスの改革の興味深いところは、このような形で新たに権力を集中させた州総督の名称に、「法務官」(praetor)というローマの伝統的な名称を与えたことである。これが意図的に復古を標榜した措置であったことは、これらの行政改革を指示した勅法の前文で謳われていることからも確認できる。

古のローマ人たちでさえ、小さくて貧弱な始まりからこれほど巨大な国家を築き上げることはできなかったであろうし、そこから、いわば全世界を獲得し、手中に収めることもできなかったであろう。もしも彼らが、偉大な政務官たちを州に派遣して、それによって畏敬されていなかったならば、軍と法の権能をその政務官たちに与えていなかったならば、そして、この両者に適応したふさわしい政務官を持たなかったならば。これらの政務官たちを彼らは法務

官と呼んでいた〔以下略〕。（『新勅法』二十四序文）

これらの行政改革はローマ法の編纂活動が終了した五三四年以降に集中して行われており、極めて組織的な措置であった。ほかにも、コンスタンティノープルに置かれていた、消防活動に携わる夜警長官の名称を、これまた法務官に改名した。さらに、ドナウ戦線の兵站維持のため、ユスティニアヌスは新しい行政単位を作り出した。それは、キュプロス島、エーゲ海の島嶼部、小アジアの地中海岸、そしてドナウ前線の諸州を統合する全く新しい行政単位の設置であった。この行政単位を統轄する官職者にはクアエストルの名称が与えられたが、これもまた極めて伝統的なローマ政務官職の名前の利用であった。結局このような超地域的な行政単位の設立はその後、様々な行政上の不便を生み、また新たな改革が必要になった。先述の史家プロコピオスはこのように何にでも手を加えるユスティニアヌスを揶揄する文章を残しているが、伝統への復古というのがこの皇帝にとって改変のための態の良いスローガンだったのである。しかし、その背後には、強迫的といってもよいほど、伝統的なローマにこだわる姿勢があった。

## キリスト教への執着

ユスティニアヌスの勅法では、ローマ法の整備と軍事活動の征服が、皇帝の行う重要な任務として挙げられている。しかし、この二つの活動の成功の背景には必ずと言っていいほど神の恩寵への言及がある。例えば、『学説彙纂』を編纂し、それに効力を発するときの法文を見てみよう。

我等に対する慈悲深き神の先見はとてつもないものなので、常に絶えざる気前よさで我等を支えてくださる。というのも、パルティア戦役〔=ペルシア戦〕が恒久の平和によって鎮められた後、そして、ヴァンダル族が滅ぼされ、カルタゴが、いやむしろリビュア〔=アフリカ〕全土が再びローマ帝国に結びつけられた後、既に長い年月によって圧迫されていた古法についても、我等の目配りを通じて新たな美しさと節度ある簡潔さに至るよう神は計らってくださったのである。なぜなら、我等の帝国以前には何ぴとも、かかることを望んだこともなければ、人間の能力ではまったくもって不可能と見込んでいたのだから。実際、首都創建以来我等の帝国の時代に至るまでに、ローマの法規はほぼ千四百年にわたって存続していて、その内部の矛盾で揺らぎ、その揺らぎを皇帝の勅法にももたらしていたが、その法規をまったき調和へともたらして、一切相反することも、同じことも、類似したこともその中になく、一つの事柄に対して二つの法原則がどこにも配されることのないようにするのは驚くべきことであった。そう、これは先見の明ある天に特有のものではあっても、弱き人間には全くもって不可能だったのである。かくして我等はいつものように不死なるものの保護に頼り、至高なる神性に呼びかけて、神が全事業の主唱者にして主導者となることを祈願した。そして、この課題全てを、崇高なる官房長官にして、我等が宮廷付クアエストル経験者で、コンスル級たるトリボニアヌスに任せ、この種の整理業務全体を彼に負わせたのである。〔中略〕それゆえ、全てが完成したのは、我等の主たる神イエス・キリストが我等および、この件における我等の従者たちに力を与えてくださったからにほかならぬ。（『C. Tanta』前文）

ここでは、ヴァンダル戦役と法典編纂事業の二つの成功がいずれも神の恩寵に由来すると述べられていることが分かるだろう。この法文自体は『学説彙纂』の発布を命じるものであるから、法典編纂事業の成功を喧伝するのはある意味自明であるが、宗教的な言辞の多さは、帝政後期の文化になじみの薄い方には奇異に思われるのではないだろうか。

このような皇帝の敬神の念は、『学説彙纂』の発効について定めた後半部からも読み取ることができる。ここでも、法典編纂と征服活動が並行して語られているのだが、ユスティニアヌスはここで鮮烈な「三」と「一」のイメージを喚起している。それらに注意しながら、先の法文の続きの部分を見てみよう。

さて、これらの法典、すなわち『法学提要』またの名を『入門書《エレメンタ》』と、『学説彙纂』またの名を『会典《パンデクタエ》』の中に記した我等の法文は、幸運なる我等の三度目のコンスルの年、現今の第十二インディクティオの十二月三十日からその効力を発揮するよう我等は定める。〔中略〕そして、我等の三度目のコンスル職のために、これらの法文も示すべく我等は実に逸《はや》りたった。なぜなら、最高神と我等が主たるイエス・キリストのお助けによって、そのコンスル職は極めて幸運な形で我等の国家に贈られたのだから。実際、このコンスル職のために、パルティア戦役が終焉を迎えて、永遠の静謐へ委ねられ、世界の第三の部分が我等に加えられ（すなわち、エウローパとアシアに次いで、リビュア全体も我等の帝国に結び付けられた）、かかる規模の法律事業に主要部分が加えられた以上は、あらゆる天からの贈物が我等の三度目のコンスル職に与えられたのである。〔以下略〕（『C. Tanta』二十三節）

三と一という数字が様々な形で喚起されていることに気づかれただろうか。すなわち、征服戦争の成功は結果として、アジア、ヨーロッパ、アフリカという世界の三つの大陸を、ローマの単一の覇権下に置いたことが指摘されている。その一方で、法典編纂事業は、『ユスティニアヌス法典』、『学説彙纂』、『法学提要』の三部作をもって、一つの総体をなすという構成を取っていた。三という数字にユスティニアヌスが異常なこだわりを見せていたことは、『学説彙纂』の発布時期に関する皇帝の意気込んだ発言からも窺える。彼は、『学説彙纂』の発布に「逸りたった」と言っているのだが、上記法文が発布されたのは十二月十六日、『学説彙纂』が効力を持つのは十二月三十日からであり、年末に滑り込ませる形での指令であることが分かる。ここまで急いだ理由の一つは、自らの「三度目のコンスル職」に合わせるためだったとある。これまでにも見てきたように、コンスル職は年を表すために使われており、ユスティニアヌスとしては、自分がコンスル職を務めた年である五三三年にこの法典編纂の一つの完成を見たかったということである（ちなみに、勅法中の「我等」は「私」を意味している）。興味深いのはここでも「三度目」というように三の数字が出てくることである。

そして、彼が異常に三にこだわっていたことは、『学説彙纂』の効力を持つ日付から窺える。というのも、これは現代風に翻訳すると十二月三十日という訳になるのだが、ラテン語を文字通りに訳すと「一月一日の三日前」という表記になるからである。ちなみに、ラテン語では物を数えるとき、基点となるものを一つ目とするので、一月一日を一日目として、十二月三十一日は「二日前」、同月三十日は「三日前」という数え方をする。法律の分かりやすさを重視するなら、きりのよい一月一日や十二月三十一日でもよかったはずなのに、あえて「三」という数字が出てくる日付を選んでいるのは、皇帝のこの数に対する執着と考えられよう。

三と一に対する執着が、この時期のキリスト教教義の核心である三位一体説——父なる神と、子たるキリスト、そして聖霊の三者は位格を異にはしていても同じ一つの神であるとする考え——と密接に関わっていることを考えると、既に五三三年の段階で皇帝はかなりキリスト教に対する強い関心を見せていたことが分かる。それは上記法文の冒頭にある「慈悲深き神」という表現からも窺える。このラテン語を直訳すれば「神々しい人性」となるのだが、この表現は当時教会を悩ませていた教義論争を背景に置くと意義深い。なぜなら、カルケドン会議以来起きていた論争では、キリストの神性と人性という二つの性格が問題にされていたからである。

## キリスト教会再統合の試み

ユスティニアヌスにとって、カルケドン会議をめぐる教会内抗争は大きな懸案となっていた。ゼノやアナスタシウスといった五世紀末から六世紀初頭の皇帝は、東地中海世界の教会をまとめるため、反カルケドン派に近寄り、カルケドン会議を支持するローマ司教と疎遠になる状態をもたらしていた。しかし、アナスタシウス治世末には、この宗教政策への強い反発が首都やバルカン半島で発生し、暴動や内乱につながるなど、教義をめぐる帝国の一体性回復は治安回復のためにも取り組まねばならぬ問題となっていた。

六世紀初頭に、カルケドン派の旗手としてコンスタンティノープルで頭角を現していたのは、アニキア・ユリアナという貴族女性であった。彼女は、母方の祖父にウァレンティニアヌス三世を、曾祖父にはテオドシウス二世を持つという名門で、夫も代々帝国で武勲を挙げてきた軍人家系の末にあたる貴族であった。彼女は、母方がテオドシウスの家系に列なっていたこともあり、子を残さなかった帝室の人々からの相続を通じて膨大な財産を抱えていたと推測されている。その一部として、コンスタンティノープル市内の北西部にある聖使徒教会周辺に多数の邸宅を抱えていた。聖使徒教会にも自らの父祖たちが葬られていたことを考え合わせるならば、この界隈はユリアナ個人の街区のような様相を呈していただろう。ユリアナはこの地域にあった、ポリュエウクトスという聖人に捧げた教会堂を、自らの財産を費やして改築し、豪華絢爛なものとする。この教会は現存こそしないものの、その壮麗さがあまりあるものであったことは史料から知られており、その建築装飾の一部は、ヴェネツィアに現存している。ちなみに、コンスタンティノープルにあった装飾がヴェネツィアにあるのは、第一章で見た四皇帝の像と同様に、第四回十字軍によって持ち運ばれた結果である。

ユリアナはカルケドン会議の開催場所であったエウフェミア教会に様々な援助をしたことも知られており、カルケドン派支持を大々的に打ち出していた。そのため、彼女の改築したポリュエウクトス教会も、そのような主張を象徴的に示すものであったろう。実際、教会の前庭部分には、この時期に巷間に広く流布していたコンスタンティヌスの洗礼伝説を描いたモザイク画があり、そこでは、ローマ司教と皇帝コンスタンティヌスの強いつながりが喧伝されていた。また、ユリアナ自身、ローマ司教と書簡を交わす間柄でもあった。当時、東の皇帝はローマ司教と険悪な関係にあり、東西の教会の間では、後に「アカキオスのシスマ」と呼ばれる断交措置が取られていた。それゆえに、このような西方とのつながりを喧伝し、自らもローマ貴族の血筋を持つユリアナの存在は皇帝たちにとって見過ごせないものであったろう。それは、ユスティヌスとユスティニアヌスのような血筋の裏付けのないローマ皇帝たちにとってはとりわけ痛感されたに違いない。

ユスティヌスは、カルケドン会議を軸にした教会の統一を模索した。この方針は、イタリアや北アフリカなどカルケドン会議を支持する教会が多い西地中海世界をユスティニアヌスが支配するようになったことでますます重要性を増した。反カルケドン派も依然としてエジプトやシリアを筆頭に影響力を持っていたため、ユスティニアヌスは度々和解の働きかけをした。この際に、皇帝はカルケドン派を表向きでは支持する姿勢を示したのに対し、彼の妃であるテオドラが反カルケドン派を支持することでバランスを取ったようである。実際には、夫婦の間で内密に協調していたことは、テオドラが死去して以後、皇帝が反カルケドン派への支持を陰に陽に続けていたことからも推測される。なお、この時の皇帝の反カルケドン派への支持が、シリア正教会などの、現在まで続く反カルケドン派の教会組織の発達につながっていくことになる。

## 三章問題と伝統へのアプローチ

キリスト教会の統一にあたって、皇帝は最終的に教会会議の開催にこだわることになった。そこで上ってきたのが、三章問題と呼ばれる議論である。この問題は、ユスティニアヌスの教義論争に対するアプローチを法典編纂事業と比較できる興味深いものなので、若干詳しく説明することにしたい。

反カルケドン派がカルケドン会議の結果を受け入れられない理由として、ネストリウスに考えが近いと見なされる人物たちが、この会議に参加していたことがある。とくにテオドレトスとイバスという二人の人物がその焦点であった。この二名は、反カルケドン派がとりわけ崇敬するアレクサンドリア司教キュリッロス（ただし、この司教はカルケドン派からも崇敬されている）を批判する文書を残し、カルケドン会議の時点でも論争の中心にいた人物であったが、当時は考えを改めたとして、教会に受け入れられていたのである。しかし、その後の反カルケドン派は、このテオドレトスとイバスを受け入れたことを、カルケドン会議を非難する口実としたのである。

ユスティニアヌスは、アレクサンドリア司教キュリッロスを非難する内容を含んだ（一）テオドレトスの一部著作と（二）イバスの書簡、そして、ネストリウスと考えが近かった（三）モプスエスティアのテオドロスの全著作という三つを公式に弾劾することで、反カルケドン派から、カルケドン会議を非難する根拠を取り去ろうとしたのである。この弾劾対象となった三つを「三章」と呼び、ここから三章問題という言葉が使われている。

ユスティニアヌスが巧みな点は、カルケドン会議に参加し、そこで教会に受け入れられたテオドレトスとイバスに関しては、一部著作を弾劾するにとどめ、著作家自身の人格については非難をしなかったことである。カルケドン会議の正統性を確保しながらも、問題となりうる最小限のところを犠牲に供することで、反カルケドン派の妥協を勝ち取ろうとしたのである。

興味深いのは、このように著作の中でも問題のあるものは切り離し、問題のないものを残すことによって、伝統を維持しようとする姿勢である。この点は、法典編纂でも同じであった。すなわち、ユスティニアヌスは勅法にせよ、法学者著作にせよ、集められるかぎりのものを集めた後、現在の制度上不要なものは排除し、必要なものは残すという、極めて現実的な方針を取っていた。

このアプローチは帝政後期の法典編纂においては極めて斬新なものであった。例えば、テオドシウス二世も、厖大な数が流通している法学者著作に対処する措置を出しているが、そこでは五名の法学者の著作しか法廷で利用はできない、というように、極めて大雑把な形でしか対応できなかった。また、その五名の著作家の内でも同一問題に関する意見が分かれていることがあったため、テオドシウス二世は、五名のうちの多数派意見を採用するように、という乱暴な解決策を提示している。ユスティニアヌスが自らの法典編纂の成果を高らかに誇れたのは、このような杜撰な措置に頼らずに、法理をできるかぎり首尾一貫した形で、浩瀚な法学者著作を『学説彙纂』にまとめられたからであった。

テオドシウス二世の法学者著作へのアプローチと類似した点が、六世紀の教会人たちの教義に対する姿勢にも認められる。それは、「正統信仰」と認められた過去の教父たちの著作こそが信仰の標準となり、それに従わなければならない、とするもので、アタナシウスやアウグスティヌスなど四世紀・五世紀の著名な教父たちの著作抜粋集が編まれ、神学論争に使われたのである。

実のところ、カルケドン会議をめぐる教義論争も、このような教父著作に対する人々の態度によってもたらされた側面があった。なぜなら、アレクサンドリア司教キュリッロスは「正統信仰」の基準として認められていたが、その著作の中には、カルケドン派を支持するような内容もあれば、反カルケドン派に有利な内容もあったからである。当然ながら、キュリッロス自身は、

表　2つの教会会議

| 会議名（開催年） | 概要 |
| --- | --- |
| カルケドン会議（451） | アレクサンドリア司教ディオスコロスが弾劾される。テオドレトスやイバスの教会復帰が認められる。ローマ司教レオの書簡を基にしたカルケドン信条を採択。その結果、エジプトやシリアなど東地中海地域では強い反発が起きた |
| コンスタンティノープル会議（553） | ユスティニアヌス帝が主導。テオドレトスの一部著作・イバスの書簡・テオドロスの全著作（「3章」）の弾劾。反カルケドン派とある程度妥協 |

後代の議論がどのように展開するかを予想して、首尾一貫して自分の著作を書くことはできなかったから、かかる状況が出来するのは不可避であった。ともかくも「カノン」と呼ばれる、「基準」となるものを著作家レベルで判定するのが、帝政後期の一般傾向であり、このアプローチでは法学においても教義においても限界があったということである。

ユスティニアヌスも「カノン」を軸にして考えるという思考法それ自体は同時代人と共通している。例えば、勅法の中では、信仰の標準とすべき四つの教会会議として、ニカイア、コンスタンティノープル、エフェソス（第一回）、カルケドンを挙げている。同様に勅法の中で、正統信仰を守った教父たちとして、アタナシウスやミラノのアンブロシウス、ヨアンネス・クリュソストモス、キュリッロス、アウグスティヌス、ローマ司教レオなど十二名を名指ししている。しかし、上記の教父たちについてはその全著作を信仰の基準とするのに対し、テオドレトスやイバスといった教父の著作については、選択的に採用するというアプローチを取ったのが、ユスティニアヌスの画期的なところであった。伝統の維持と現実問題への対処という二つの側面に対する皇帝のバランス感覚の鋭さが見て取れる。

## 第二回コンスタンティノープル教会会議

ユスティニアヌスは、教会会議を開催し、三章問題を克服することで、全教会からカルケドン会議の支持を得ようとし、その際にコンスタンティノープル、アレクサンドリア、アンティオキア、エルサレムという東地中海世界の四大教会の司教に加えて、ローマ司教からも会議結果の承認を得ることに執拗なこだわりを見せた。六世紀前半からは、コンスタンティノープルの皇帝が力を持つ中で、ローマ司教が首都ローマを離れて東の都を訪れるという事態も起きていた。上述のコンスタンティヌスの洗礼伝説でも、コンスタンティヌスがローマ市で洗礼を受けたのではなく、コンスタンティノープルにわざわざ出向いたローマ司教が皇帝に洗礼を施したと東の住民が理解していた痕跡もある。コンスタンティヌスがローマ司教から洗礼を受けたというのは史実ではない。しかし、彼がコンスタンティノープルからさほど遠くない地で、後に「新しいローマ」コンスタンティノープルの司教になる人物から洗礼を受けたという史実を踏まえれば、このような誤解が伝承として生じてきたのも無理のないことであった。コンスタンティノープルに「ローマ」という名称を充てる傾向は早い時期から見られたが、その結果として、東方の住民にとって歴史的物語の中のローマ市とコンスタンティノープル市の境目がおぼろげになってきたのであろう。

ともあれ、ローマ司教はもはやかつてのように首都ローマに盤踞していれば良いという状況ではなくなった。東ゴート王国の反攻によって首都ローマの状況が危殆に瀕したことも、コンスタンティノープルへの旅を後押しした。しかし、東の都にやってきたローマ司教ウィギリウスは、三章問題をめぐって皇帝とイタリア諸教会の板挟みになる。なぜなら、イタリア諸教会にとってカルケドン会議は改変の必要もない、もともと正統な会議であるし、テオドロスなど既に世を去った人物の著作を後から弾劾するのはもってのほかと考えていたからである。

ローマ司教は三章弾劾を非難するときもあれば、皇帝の圧迫を受けて三章弾劾に賛同する声明を発表するなど、態度は一転二転した。しかし、賛同の声明を出した後にも、コンスタンティノープルを密かに逃れてカルケドンの聖エウフェミア教会に避難するなど、カルケドン護持の姿勢を様々な形で発信した。問題は紛糾し、北アフリカや北イタリアの教会は、三章弾劾に対して強い不満を表明したが、結局、ウィギリウスは皇帝の圧力を前に従わざるを得なかった。

五五三年にコンスタンティノープルで開かれた教会会議で、カルケドン会議の内容を一部修正して、その会議結果を受け入れることで、参加した司教たちの同意が得られた。ほかにも三世紀に活躍した教父オリゲネスの著作を弾劾するなど、「カノン」とする伝統の選択が迫られた会議であった。ともあれ、ユスティニアヌスはカルケドン会議を軸とした教会和解の形を取ることに成功した。ただし、一部の強硬な反カルケドン派や北イタリアの教会は、この会議結果に納得しなかったため、全面的な教会統一が成し遂げられることはなかった。その意味では、法典のようには教義はまとめられなかったと言えるかもしれない。しかし、一連の議論を通じて、主要な五つの大教会をはじめ、大半の司教がユスティニアヌスの主導のもとにまとまったのは確かである。これが、後に第五回の世界公会議と記憶される会議であった。

ユスティニアヌスは、一連の教会統一の試みと並行して、宮殿の近くにある大教会ハギア・ソフィアの再建にも取り掛かっていた。この教会はコンスタンティウス二世によって完成され、その後、ヨアンネス・クリュソストモスの失脚騒動に関わる都市擾乱の中で焼け落ちたが、テオドシウス二世の治世には再建されていた。しかし、ユスティニアヌスの治世初期に発生したニカの乱で、再建された教会は再び消失していた。ユスティニアヌスは、皇帝の教会儀礼の中心でもあるハギア・ソフィアの再建にとりかかり、その結果完成したものが現在もイスタンブールに残る大建築である。

正確に言えば、ハギア・ソフィアは五三七年に一度は再建されたものの、その巨大なドームが後に崩落してしまったため、五六二年にあらためてドームがかけ直されて現在に至っている。巨大なドームを戴く構造、というよりも、その巨大ドームを挟み込むかのように半分に切断されたドームが更に外側につけられて、異様な広がりを感じさせる堂内構造を持っているのがハギア・ソフィアの特色である。この再建されたハギア・ソフィアを見て、ユスティニアヌスが「我はソロモンに勝てり」と言ったというのは、後代の史料にしか言及がなく、事実かどうか定かではない。しかし、ハギア・ソフィアの再建を記念して、同時代人が頌歌を献呈している。そこからは、ユスティニアヌスの治世に至って、イタリアのローマを上回る存在となったコンスタンティノープルを前にして、大いなる自信に満ちあふれた東方の人々の声が聞こえるだろう。

だが汝は、実り豊かなローマ〔＝コンスタンティノープル〕よ、命もたらす皇帝を汚れなき賛歌で溢れんばかりに覆い、冠をかぶせるのだ。〔帝を称えるのは、〕帝が汝の軛を大地の諸民族にかけたからでも、汝の玉座が支配する圧倒的な空間を、外縁の土地を越えて、外洋に突き出す岬まで広げたからでもない。それは、汝の腕の周りに、果てのない聖堂〔＝ハギア・ソフィア〕を立ち上がらせて、ティベリス川の畔にある生みの親〔＝ローマ〕よりも汝を輝かしくしてくださったからだ。〔中略〕だが、汝も来たれ、はじめに生まれしラテンのローマ〔＝ローマ〕よ。新たに芽生えしローマ〔＝コンスタンティノープル〕とともに歌声を上げるのだ。来たれ。汝の娘が母を凌ぐのを見て喜ぶのだ。それこそが、親の喜びなのだから。（シレンティアリウスのパウルス『ハギア・ソフィア聖堂の描写』145―151、164―167行）

アニキア・ユリアナの聖ポリュエウクトス教会にも勝る壮大な教会が完成し、ユスティニアヌスは「正統教会」の擁護者としての確たる地位を築き上げることに成功した。西の再征服によってイタリアのローマを名実ともに支配下に置いたユスティニアヌスは、ローマ法、ローマの歴史といった文化遺産を通じて、ローマの歴史的威光を自らの帝国に取り込んでいた。ローマ司教を屈服させた上での、コンスタンティノープル会議を通じた教会統一は、帝国の新しいまとまりを象徴するものであった。ニカの乱で荒廃したコンスタンティノープルの東側地区にはユスティニアヌスの巨像とハギア・ソフィアが聳え立ち、既存の宮殿と並んで、一連の皇帝モニュメント群の中心点を作り出した。新しいローマは、ユスティニアヌスのもとで一つの栄光を迎え、名実ともにローマとなったのである。

## イタリアの黄昏

もっとも、ユスティニアヌスの治世は順風満帆で進んだわけではない。長期の治世の中では様々な紆余曲折があった。例えば、追い詰められた東ゴート王がササン朝ペルシアの援軍を頼ったことなどもあり、ペルシアが改めて東方諸都市を攻め始めたことはそのひとつである。和約をあてにしていたために手薄だった東方戦線は混乱し、東の大都市アンティオキアも陥落するなどの大敗北を被る。加えて、伝染病が帝国各地に流行し、相当数の住民が病死した。この伝染病は六世紀中に定期的に、場所を変えながら流行し、社会に大きな損害をもたらすことになった。大地震とそれに伴う洪水も起こった。平穏な状態であれば政府の対策で対処可能な天災も、戦災や疫病で疲弊した社会には更なる混乱をもたらすことになり、とくにシリアやパレスティナの都市は復興のための十分な余裕を得られなかった。

征服したイタリアや北アフリカでも混乱は続いた。とりわけイタリアでは東ゴートの残存勢力が再び王を擁立して反抗を始め、一時はイタリア半島全体に再び覇権をうちたてるまでに至った。東方戦線やドナウ戦線の混乱もあって、帝国側はイタリアの回復に手間取ることになる。結局、五五三年に東政府はゴート勢力の打倒に成功するものの、一連の再征服戦争はイタリア全土を巻き込む泥沼の戦争となった。その征服戦争に疲弊したイタリアに、東政府と同盟関係にあったランゴバルト人たちが入り込み、各地を蚕食して自らの勢力圏を築き上げ、イタリアの戦乱はなおも続くことになった。各地に敵を抱える東政府にさらにランゴバルトを征服するだけの余力はなく、これ以後、長くイタリアは世界史の舞台での中心的役割を失うことになる。

結果論ではあるが、ローマを滅ぼしたのは何者かといえば、それはゲルマン人以上に、東のローマ帝国であっただろう。水道橋などのインフラは度重なる包囲戦で傷つき、ミラノなど北イタリアの主要な都市は何度も略奪され、主だった貴族たちはコンスタンティノープルなどへ避難した。なにより、旧都ローマの歴史と権威すら新都に奪われ、旧都ローマの守り手たるローマ教会も、以後は東の皇帝の顔色をうかがいながらの首都とイタリアの運営を余儀なくされた。英明な司教グレゴリウス一世がこの頃に登場するが、彼自身もコンスタンティノープル駐在のローマ司教代理として活躍したことで地歩を築いた人物であり、東とのつながりは確認される。東方出身のローマ司教が次々と現れる六―七世紀は、独立的な活動を著しく制限されたという点で、ローマ教会にとっての試練の時期となる。支配の女王たる古代都市ローマの姿は遂になくなってしまった。皮肉なことに、ローマはもう一つのローマによって「滅ぼされた」のである。

## おわりに――「ローマの栄光」のゆくえ

コンスタンティノープルをめぐる長い旅も一つの終焉を迎えた。もっとも、この東の都の歴史はユスティニアヌスの死とともに途切れたわけではなく、その後も長く続いた。三三〇年のコンスタンティノープル奉献から「東ローマ帝国」滅亡までの千百年以上の歴史の中で、本書が扱ったのはほんの二百年ばかりにすぎない。その意味では、本書で扱った期間は都の幼年期にすぎないと言えるだろう。しかし、この間の経緯だけでも、この都、そして帝国が経験した数々の苦難とそれに対する変化は感じられたのではないだろうか。ここでは、これまでの旅路を振り返りつつ、本論では論じられなかった七世紀の出来事に触れて、ひとまずの結びとしたい。

コンスタンティノープルの発展の背景には、広大なローマ帝国をいかにして統治するのかという問題が常に潜んでいた。二世紀から三世紀にかけてローマ市民権が普及し、戦線が地理的に拡大したことで、ローマ皇帝は首都ローマを離れて帝国各地をめぐる必要に迫られた。それは、帝国内諸都市をローマの威光につなぎとめるためであり、何よりも前線での軍事指揮のためであった。軍人皇帝の登場は、政治的中心としての首都と移動宮廷との分離をもたらし、首都ローマと元老院の影響力は弱まった。さらには、ディオクレティアヌスの治世を契機に、各地の戦線を担当するために複数名の皇帝がいることは常態化した。政権中枢が複数並存したために、皇帝たちの協調姿勢を喧伝することで帝国の一体性を維持したが、そこには常に皇帝間の不和と内戦の危険が潜んでいた。

ディオクレティアヌスの後継帝たちを破って覇権を握ったコンスタンティヌスは、同僚帝の統治という支配原理こそ継承したものの、皇帝位を家族内で継承するという原則に強くこだわった。前政権の中心都市ニコメディアから少し離れた土地に、首都ローマと彼自身を連想させる町を建設したのは、新しい支配方針を象徴する事業であったことを示している。

コンスタンティヌス一族の支配を象徴するコンスタンティノープルの発展にはその後も長い時間を要した。その際に、都市参事会員身分等を中心として、新しい元老院議員身分層が形成され、東地中海世界のエリート層が新しい都に住むようになっていったという変化があったことを見逃してはならない。コンスタンティウス二世が大規模に展開した元老院議員の登用は、跡を継いだ皇帝たちにも引き継がれ、新しい都は新興議員たちの居住地へと変容していった。

この都に新しい価値を見出したのは、テオドシウス一世とその後継帝たちであった。軍事前線に合わせて移動する宮廷は、皇帝の身を常に大小の危険にさらし、安定した行政運営をするうえでも効率的とは言えなかった。そのような中でコンスタンティノープルには新しい価値が見出された。この都は、軍事指揮を直接執ることをやめた皇帝が自らの権威を示す上での舞台装置となりえたのである。テオドシウス一世を継いだ皇帝たちは、この都に居を構えて敬虔な自らの姿をアピールし、法の整備や教会の和合など臣民の安寧につながる措置をとる政策に切り替えた。東地中海世界の都市や教会もこのような政権のあり方を受け入れ、それに伴って、皇帝が住まう都の特権的な地位を認める動きも出てきた。

定住型の宮廷とそれを支える都の存在は、王朝の断絶に際しても効果を発揮した。軍隊や元老院、首都の住民、聖職者たちの合意のもとにコンスタンティノープルで承認された東の皇帝たちは、度重なる困難にもかかわらず、長期政権の確立に成功した。これは、帝国西部との顕著な違いであった。というのも、帝国西部では、既にホノリウス帝の治世下にもその傾向は見られたが、ガリアとイタリアという地方間の溝が深く、それぞれの地方で独自の軍事政権を押し立てる傾向があった。この傾向は、ウァレンティニアヌス三世の死後の政治的混乱で一層あらわとなり、統合を保つことはついにできなかったからである。最終的には、東の帝国の介入を許さないために、皇帝を戴かないということが帝国西部での政治的選択肢となった。

力を蓄えた東の政権とコンスタンティノープルは、ついにはローマの歴史的過去をもわがものとして取り込み、旧都ローマに勝る存在として自らを主張するようになる。ユスティニアヌス帝のもとで実現した、ローマ法の再編、帝国西部の再征服にあたっては、古のローマの栄光を復古させるという論理が用いられた。しかし、過去の復興という装いの裏には、皇帝権と東地中海世界のエリート層がコンスタンティノープルという都で築き上げた新しい政治的現実があった。首都ローマの栄光は新たなる首都を引き立てるための格好の文化的資産だったのである。

東の帝国に組み込まれた首都ローマは、皇帝の打ちだす施策に翻弄される時期を長く経験することになる。その桎梏から脱せられるようになるには、ガリアとイタリアという二つの地域がフランク王国の覇権下に統合されるのを待たねばならなかった。そして、その時期に至っても、海洋的な性格を持つ旧都ローマは東地中海世界との密接なつながりを保ち続けることになる。しかし、この経緯を追うのは本書の射程をあまりにも超えている。ここでは、コンスタンティノープルと東の帝国のつながりがその後、どのような変化を迎えたかを七世紀の変化をもとに素描しておこう。なぜなら、この時期に、いわゆるビザンツ帝国と呼ばれる社会へ帝国が変容するのに大きな影響をもたらした出来事が起こったからである。

その出来事とは無論、イスラーム勢力の台頭である。アラビア半島西部で巻き起こった新しい宗教運動の流れは、瞬く間に外へと拡大し、東ではササン朝ペルシアを滅ぼし、西ではローマ帝国のシリア、パレスティナ、北アフリカを征服する。世界史で教えられる、このような急速なイスラームの拡大は、現在の宗教の地理分布にもつながるものとして、極めて有名である。その一方で、このイスラームの急速な覇権拡大を可能にした、七世紀前半の政治的激動はあまり広くは知られていない。その激動とは、ローマとササン朝ペルシアの全面的な大戦争である。

この二つの大国はそれまでも度々の緊張関係を迎えていた。ユスティニアヌスの治世下にもササン朝の軍勢がシリアに攻め込んできたことは第六章で触れたとおりである。しかし、このような軍事的緊張の裏で、二国間の交流や軍事的提携もあったことは見逃してはならない。とりわけ、北方草原地帯を往来し、コーカサス山脈から侵入してくる北の遊牧民たちと、アラビアの大砂漠周辺で活動するアラブ人たちは、この両国家にとって共通の関心の対象であった。すなわち、彼らは交易の担い手として重要な存在であるとともに、ときには大規模な略奪行動に及んで、交易はもとより、周辺の定住社会にも危険を及ぼす存在だったからである。中国やインドなど東方との交易路の利害も絡んだ両大国の思惑は、両国の軍事的協調に至るときもあれば、互いを出し抜こうとして、北や南の有力な部族とそれぞれが同盟を締結する動きにもつながった。

二国の関係に大きな変化をもたらしたのは、ローマ皇帝マウリキウスとササン朝ペルシア王ホスロー二世との間にできた強い結びつきであった。ホスローは即位直後に国内のクーデターで追放され、マウリキウスのもとに庇護を求めた。これを受けて、マウリキウスはローマ軍を派遣して、ホスローが復位するのを手助けした。この結果、両国の君主の関係は極めて良好なものとなった。しかし、マウリキウスが軍隊の反乱の結果、処刑されてしまうと、ホスローは恩人が殺害されたことの報復を口実として、ローマ帝国に攻め込んだ。この結果、ローマとササン朝とは全面的な戦争に入る。ササン朝は、シリア、パレスティナ、エジプト、小アジアを征服する一方で、北のアヴァール人やスラブ人との同盟にも成功し、彼らをバルカン半島側から攻めさせた。これにより、ローマは首都コンスタンティノープルで、ペルシアとアヴァールの軍に挟撃され、籠城戦をするまでに追い込まれたのである。

この苦境から起死回生の反攻を行ったのが、ローマ皇帝ヘラクリウスである。彼はかつてヴァンダル王国があった北アフリカから挙兵して、マウリキウスを殺害した政権を打倒すると、自ら軍を率いて、侵攻するペルシアに対抗した。ヘラクリウスは首都を後にし（彼の留守中に上述の籠城戦が行われた）、手勢を率いてアルメニアの山岳地帯を抜け、最終的にはペルシア支配下のメソポタミアに攻め込んだ。ヘラクリウスは、引き返してきたペルシア軍に大勝利を収め、これによりホスローの権威は失墜した。ササン朝ではホスローに対する反乱が起こり、王位をめぐる大混乱が起こったため、ヘラクリウスはローマ側に有利な協約をペルシアと結ぶことに成功する。

かかる大戦争の間隙を縫って台頭したのがアラビア半島のイスラーム勢力であった。もともとこの地域はササン朝とローマがそれぞれ影響力を及ぼしていた。すなわち、一方の国が個別に有力な部族と同盟を結んで、相手方の国と同盟を結ぶ部族や、半島内の中小の勢力に対抗させていたのである。しかし、六世紀末頃には、半島内へのササン朝の直接的な影響力が増したことで、アラブ人同士をササン朝とローマの代理戦争のように戦わせる必要性が少なくなった。このため、利用価値の少なくなった半島内の有力部族自体がササン朝からの後援を失い、弱体化していた。ここに、ムハンマド率いるアラブ人たちが台頭し、周辺勢力を糾合する機会が生じたのである。

ササン朝との大戦争を終えたばかりのローマ帝国は、想定外の方面からの勇猛な軍隊の前に敗れ、シリアを手放さざるを得なかった。その後も、イスラーム勢力はシリアやエジプトの海軍力を手にして、小アジアに攻め込み、コンスタンティノープル城下に迫る勢いとなった。この危機の中で、ヘラクリウスの後継帝はイタリアに巡行し、遂にはシチリア島に政権を移すことを考えていた形跡が見られる。ヘラクリウス自身が北アフリカに基盤を持っていた人物だったことを考えると、このような作戦も突飛なものではなかった。しかし、結局この計画は長続きせず、以後の皇帝政権はコンスタンティノープルを拠点として、イスラーム勢力に対抗していくことになる。遍歴する皇帝以上に首都の存在が重みを増したともいえるかもしれない。

しかし、この一連の激動の結果、コンスタンティノープルがイタリアや北アフリカ、エジプト、シリア、パレスティナ、小アジア、バルカン半島の焦点となるような時代は一つの終わりを迎えた。ローマの軍事的栄光は、ササン朝に対するヘラクリウス帝の勝利をもって一つのクライマックスに達した。その後の一転した軍事危機は、信仰のあり方と、ローマ皇帝権の表現方法をめぐって侃々諤々の議論を巻き起こすことになる。この議論も、イスラームの台頭によって、勝利をもたらすキリスト教という政治的論題が根本から揺さぶられたからこそ、生じたものであった。

七世紀後半から八世紀のローマ帝国はこのような混乱を経るが、そこから立ち上がった帝国は、それまでとはまた違った様相を見せる。帝国の実効的な支配領域も、南イタリアとバルカン半島、小アジアという限られた領域になる。帝国の持つ国際性、官職を基軸とした伝統秩序などはその後もコンスタンティノープルには色濃く残されていく。しかし、そこにはラテン語の装いはもうほとんど必要なかった。ローマの歴史の意識とローマ人の伝統は引き継ぎながらも、ギリシア語を専らとする世界が、旧都ローマから独り立ちしていくことになる。それがコンスタンティノープルの成年期であり、この町に現在も残る独特の魅力につながっていくのである。

# 参考文献

紙幅の関係もあり、本書の内容に大きく関わるものだけを挙げている。その他にも多数の著作の恩恵に浴しているが、ここで挙げられないことをお詫びしたい。


アンミアヌス・マルケリヌス『ローマ帝政の歴史 一 ユリアヌス登場』山沢孝至訳、京都大学学術出版会、二〇一七年。

タキトゥス『年代記』国原吉之助訳、岩波文庫、一九八一年。

小田謙爾「解体前夜のローマ帝国――遠心力と求心力の葛藤」歴史学研究会編『地中海世界史1　古代地中海世界の統一と変容』青木書店、二〇〇〇年、二三八―二六一頁。

ギボン、エドワード『ローマ帝国衰亡史』第四巻・第五巻、中野好夫・朱牟田夏雄訳、ちくま学芸文庫、一九九六年。

栗本薫「コンスタンティノープル三三〇年――その実態と伝承の形成」『史林』第七十一巻二号（一九八八年）、二二三―二五八頁。

サイム、ロナルド『ローマ革命』逸身喜一郎他訳、岩波書店、二〇一三年。

蔀勇造『物語 アラビアの歴史』中公新書、二〇一八年。

ティンネフェルト、F.『初期ビザンツ社会』弓削達訳、岩波書店、一九八四年。

南雲泰輔「ビザンツ的世界秩序の形成」南川高志編『三七八年 失われた古代帝国の秩序』山川出版社、二〇一八年、一二四―一七五頁。

ブラウン、ピーター『貧者を愛する者』戸田聡訳、慶應義塾大学出版会、二〇一二年。

南川高志『新・ローマ帝国衰亡史』岩波新書、二〇一三年。

レミィ、ベルナール『ディオクレティアヌスと四帝統治』大清水裕訳、白水社、二〇一〇年。

渡辺金一『コンスタンティノープル千年』岩波新書、一九八五年。

Bagnall, R. S., Cameron, A., Schwartz, S. R., and Worp, K. A., *Consuls of the Later Roman Empire* (Atlanta, 1987).
Bassett, S., *The Urban Image of Late Antique Constantinople* (Cambridge, 2004).
Bell, P. N., *Three Political Voices from the Age of Justinian* (Liverpool, 2009).
Cameron, A., *Circus Factions* (Oxford, 1976).
Chastagnol, A., *Le sénat romain à l'époque impériale* (Paris, 1992).
Corcoran, S., *The Empire of the Tetrarchs: Imperial Pronouncements and Government AD 284-324* (2nd ed., Oxford, 2000).
Croke, B., 'A.D. 476: The Manufacture of a Turning Point', *Chiron* 13 (1983), pp. 81-119.
Croke, B., *The Chronicle of Marcellinus* (Sydney, 1995).
Dagron, G., *Naissance d'une capitale: Constantinople et ses institutions de 330 à 451* (Paris, 1974).
Dagron, G., *Constantinople imaginaire* (Paris, 1984).
Dagron, G. (translated by J. Birrell), *Emperor and Priest: The Imperial Office in Byzantium* (Cambridge, 2003).
Demandt, A., *Die Spätantike* (2. Aufl., München, 2007).
Foss, C., *Ephesus after Antiquity* (Cambridge, 1979).

Fowden, G., 'Constantine, Silvester and the Church of S. Polyeuctus in Constantinople', *Journal of Roman Archaeology* 7 (1994), pp. 274–284.

Fowden, G., 'The Last Days of Constantine', *The Journal of Roman Studies* 84 (1994), pp. 146–170.

Grig, L., and Kelly, G. (eds.), *Two Romes* (Oxford, 2012).

Janin, R., *Constantinople byzantine* (2e éd., Paris, 1964).

Jones, A. H. M., *The Later Roman Empire 284–602* (Oxford, 1964).

Jones, A. H. M., Martindale, J. R., and Morris, J., *The Prosopography of the Later Roman Empire. Vol. I.* (Cambridge, 1971).

Heather, P. J., 'Senators and Senates,' in A. Cameron and P. Garnsey (eds.), *The Cambridge Ancient History, vol.XIII* (Cambridge, 1998), pp.184–210.

Holum, K. G., *Theodosian Empresses* (Berkeley, 1982).

Kelly, Ch. (ed.), *Theodosius II* (Cambridge, 2013).

Kent, J. P. C., *The Roman Imperial Coinage, Vol. X* (London, 1994).

Kienast, D., *Römische Kaisertabelle* (2. Aufl., Darmstadt, 1996).

Lehmann, Ph. W., "Theodosius or Justinian? A Renaissance Drawing of a Byzantine Rider", *Art Bullentin* 41 (1959), pp. 39–57.

L'Huillier, P., *The Church of the Ancient Councils: The Disciplinary Work of the First Four Ecumenical Councils* (Crestwood, NY, 1996).

Liebeschuetz, J. H. W. G., *Barbarians and Bishops* (Oxford, 1990).

Maas, M., 'Roman History and Christian Ideology in Justinianic Reform Legislation', *Dumbarton Oaks Papers* 40 (1986), pp. 17–31.

Maas, M. (ed.), *The Cambridge Companion to the Age of Justinian* (Cambridge, 2005).

MacCormack, S. G., *Art and Ceremony in Late Antiquity* (Berkeley, 1981).
McCormick, M., *Eternal victory* (Cambridge, 1986).
McLynn, N., *Ambrose of Milan: Church and Court in a Christian Capital* (Berkeley, 1994).
McLynn, N., '"Genere Hispanus": Theodosius, Spain and Nicene Orthodoxy,' in: K. Bowes and M. Kulikowski (eds.), *Hispania in Late Antiquity* (Leiden, 2005), pp. 77-120.
McLynn, N., "The Transformation of Imperial Churchgoing in the Fourth Century," in: S. Swain and M. Edwards (eds.), *Approaching Late Antiquity* (Oxford, 2004), pp. 235-270.
Mango, C., *Le développement urbain de Constantinople* (Paris, 1985).
Martindale, J. R., *The Prosopography of the Later Roman Empire. Vol. II.* (Cambridge, 1980).
Martindale, J. R., *The Prosopography of the Later Roman Empire. Vol. III.* (Cambridge, 1992).
Matthews, J. F., *Laying Down the Law: A Study of the Theodosian Code* (New Haven & London, 2000).
Meier, M., *Das andere Zeitalter Justinians* (Göttingen, 2003).
Millar, F., *The Emperor in the Roman World* (2nd ed., London, 1992).
Price, R., *The Acts of the Council of Constantinople of 553* (Liverpool, 2009).
Price, R., and Gaddis, M., *The Acts of the Council of Chalcedon* (Liverpool, 2007).
Ritter, A. M., *Das Konzil von Konstantinopel und sein Symbol: Studien zur Geschichte und Theologie des II. Ökumenischen Konzils* (Göttingen, 1965).
Salzman, M. R., *On Roman Time* (Berkeley, 1990).
Turner, C. H., *The History and Use of Creeds and Anathemas in the Early Centuries of the Church* (2nd ed., London, 1910).
Van Dam, R., *Rome and Constantinople* (Waco, Tex., 2010).

# 索　引

## あ　行

## か　行

## さ　行



## た　行

## な　行



## は　行

## ま　行



## や　行



## ら　行

© Sato Rui

**田中 創**（たなか・はじめ）
1979年東京生まれ。東京大学文学部卒業、同大学院人文社会系研究科博士課程修了。博士（文学）。現在、東京大学大学院総合文化研究科准教授。専門は古代ローマ史。
論文に「古代末期における公的教師の社会的役割」（『史学雑誌』第117巻2号）、「ローマ帝政後期のギリシア修辞学と法学・ラテン語教育」（『西洋史研究』第41号）など、訳書はリバニオス『書簡集』1・2（京都大学学術出版会）。共著に『古代地中海の聖域と社会』（勉誠出版）、『古代地中海世界のダイナミズム――空間・ネットワーク・文化の交錯』（山川出版社）など。

**NHK** BOOKS 1265

# ローマ史再考
なぜ「首都」コンスタンティノープルが生まれたのか

2020年 8月25日 第1刷発行
2021年 1月15日 第3刷発行

著 者 田中 創 
発行者 森永公紀
発行所 NHK出版
東京都渋谷区宇田川町41-1 郵便番号150-8081
電話 0570-009-321（問い合わせ） 0570-000-321（注文）
ホームページ https://www.nhk-book.co.jp
振替 00110-1-49701
装幀者 水戸部 功
印 刷 三秀舎・近代美術
製 本 三森製本所

Printed in Japan ISBN978-4-14-091265-2 C1322

**NHK** BOOKS

## ＊歴史(Ⅱ)

アメリカ黒人の歴史　ジェームス・M・バーダマン
十字軍という聖戦―キリスト教世界の解放のための戦い―　八塚春児
異端者たちの中世ヨーロッパ　小田内　隆
フランス革命を生きた「テロリスト」―ルカルパンティエの生涯―　遅塚忠躬
文明を変えた植物たち―コロンブスが遺した種子―　酒井伸雄
世界史の中のアラビアンナイト　西尾哲夫
「棲み分け」の世界史―欧米はなぜ覇権を握ったのか―　下田　淳
ローマ史再考―なぜ「首都」コンスタンティノープルが生まれたのか―　田中　創

## ＊政治・法律

国家論―日本社会をどう強化するか―　佐藤　優
マルチチュード―〈帝国〉時代の戦争と民主主義―(上)(下)　アントニオ・ネグリ／マイケル・ハート
コモンウェルス―〈帝国〉を超える革命論―(上)(下)　アントニオ・ネグリ／マイケル・ハート
叛逆―マルチチュードの民主主義宣言論―　アントニオ・ネグリ／マイケル・ハート
ポピュリズムを考える―民主主義への再入門―　吉田　徹
中東　新秩序の形成―「アラブの春」を超えて―　山内昌之
「デモ」とは何か―変貌する直接民主主義―　五野井郁夫
権力移行―何が政治を安定させるのか―　牧原　出
国家緊急権　橋爪大三郎
自民党政治の変容　中北浩爾
未承認国家と覇権なき世界　廣瀬陽子
安全保障を問いなおす―「九条―安保体制」を越えて―　添谷芳秀
アメリカ大統領制の現在―権限の弱さをどう乗り越えるか―　待鳥聡史
日本とフランス「官僚国家」の戦後史　大嶽秀夫

※在庫品切れの際はご容赦下さい。